# 《淮南子》
# 的
# 智慧

景婧 著

# 目　录

## 上　部

**绪论　汉初文人的创造/3**
　　一　《淮南子》的独特性/6
　　二　《淮南子》的现实意义/11

**第一章　《淮南子》的作者/14**
　　一　淮南王与宾客群体/14
　　二　作者们的悲剧原因/24

**第二章　《淮南子》之书/38**
　　一　成书的原因和时间/38
　　二　全书的结构/39
　　三　神话与寓言的内涵/51
　　四　内容归属/58

## 第三章 《淮南子》之道/69

    一 老庄之后的"道":从玄学走向现实/69

    二 治国之道:无为之为/73

    三 审美之道:和于人心/95

    四 养生之道:内外兼养/105

## 第四章 《淮南子》中的科学知识/114

    一 农业/114

    二 天文/118

    三 地理/122

    四 化学/129

    五 去魅/131

# 下 部

## 第五章 《原道训》选粹/139

    一 全书的立论基础/139

    二 原文节选与释义/140

    三 经典解析:识道、体道、行道/145

## 第六章 《精神训》选粹/162

    一 精神与肉体的关系/162

    二 原文节选与释义/163

    三 经典解析:精神、形体、生命/167

## 第七章 《主术训》选粹/178

    一　治国理念与日常智慧/178

    二　原文节选与释义/179

    三　经典解析:古代理想君主的现实意义/183

## 第八章 《齐俗训》选粹/199

    一　正视差异性/199

    二　原文节选与释义/200

    三　经典解析:平等与发展的观念/204

## 第九章 《修务训》选粹/218

    一　"无为"与鼓励建功立业/218

    二　原文节选与释义/219

    三　经典解析:"无为"的现实意义/223

**参考文献/237**

上 部

# 绪论　汉初文人的创造

《淮南子》是汉初文化经典的代表,其思想主旨可以追溯到先秦道家。先秦道家提倡"无为",敬畏事物内在的本然规律,主张以淡漠虚静的心态应对自然万物、处理社会事务。道家的治国理念总体上是以宽松、温和的方式关照社会,体察并尊重每一个生命个体的自由发展,在战乱频繁的社会环境中建构安定有序的社会状态。其思想在经历秦朝的短暂停滞之后,在汉初迎来道家政治思想的发展鼎盛期。

《淮南子》的出现离不开汉初黄老政治奠定的文化环境。秦统一六国后,其奉行的严苛法治思想将国家迅速推向灭亡,这警醒后来的统治者施行宽松的治国理念。汉初的统治者积极反思秦朝覆灭的原因,选择践行黄老道家治国理念,最终使社会生产得以迅速恢复,社会统治实现安定有序。国家统一、社会安定、黄老思想盛行,这为知识分子群体总结与发展当时的思想文化提供了理想的社会与文化空间。

《淮南子》完成于宽松、包容的文化生态背景下,其内容对先秦诸子思想表现出极大的包容性与综合性。《淮南子》作为汉初学术群体继承与发展先秦诸子思想的成果,它同时也是诸子经典的范本。其中蕴藏了当时文人对早期文化经典的接受方式,以及在前人思想基础上实现创造、创新的方法。可以说,《淮南子》的出现是传统文化教育在汉初文人群体中的成功实践。

在中国文化史上,《淮南子》与政治和文化的关联密切,它也是文化与思想传承的典范。在传统文化教育日益受到重视的时代背景下,学习《淮南子》中的思想智慧在提升个人文化素养、传承民族文化精神、增强民族文化自信等方面具有重要的现实意义。

《淮南子》是在道家文化影响下形成的汉初学术经典,被后世列入诸子百家。那么,《淮南子》与中国传统文化教育究竟有什么样的关联呢?

首先,《淮南子》是中国传统文化教育的重要理论资源。《淮南子》是历经两千多年的历史选择所流传下来的思想典籍,书中的思想智慧本身就是中国传统文化教育的理论资源。学习《淮南子》可以让我们了解到汉初社会的思想文化发展状况,了解到先秦文化在汉朝的延续与创新情况。例如,《淮南子》的作者群体背后是先秦宾客文化在汉初的延续与转型;透过刘安的经历可以看到汉初诸侯国的存续状况;《淮南子》中对百家思想的包容态度与批判意识则反映了黄老政治思想在治国实践中的包容性与综合性。

文化与文化史,思想与思想史,这些本来就与历史实践紧密融合在一起,互相之间难以剥离。所以,通过《淮南子》了解汉初的思想文化状况,也是在透过不同历史阶段的文化关联性来学习中华民族的文化史,最终都是通向中华民族的智慧宝库。

其次,《淮南子》既是学习传统经典的典范,也是基于社会现实重构经典的典范。如果把《淮南子》与汉初的社会文化环境相联系,我们可以发现,在经历秦朝的文化灾难之后,汉初作为文化复苏的重要阶段,出现的文化经典著作并不多。在流传至今的少数汉初经典著作中,《淮南子》是受到历代知识分子群体注解阐发的重要代表。

《淮南子》的作者是汉初围绕在淮南王刘安周围的知识分子群体。通过《淮南子》的内容可以看出,这些作者们熟知汉朝以前的文化典籍,可以做到对不同派别思想和不同历史典故的综合杂糅。透过其中可以看到一些作者们学习与传承历史经典的方式方法。

《淮南子》的作者教后人如何在繁杂的史书中选取那些有效的文化典籍。先秦时期文化下移,私学繁荣,当时出现的文化典籍显然不在少数。面对繁杂的史书经典,《淮南子》的作者选取了先秦诸子的代表作,例如《论语》《孟子》《诗经》《荀子》《吕氏春秋》《老子》《庄子》《周易》《韩非子》《孙子》等。这些先秦经典分别是当时儒家、道家、法家、兵家等的思想代表作。作者们在经典选取过程中显现出独到的眼光,其选用的经典都富含前人智慧,值得历史永远铭记与传承。《淮南子》中选用经典的方法启示我们在知识爆炸、文化繁荣的环境下,选读经典须选取那些在各个思想文化领域中内容深刻、富有智慧的部分。

再次,《淮南子》的作者启发后人以适当的方式对选取的思想典故赋予新的时代意义,使其产生现实功用。《淮南子》作为汉初文人在探究先秦诸子百家思想基础上形成的集大成之作，它既是先秦思想的杂糅与综合，也是当时人们学习历史经典，并顺应文化发展潮流展开的经典创新。《淮南子》的成就有赖于先秦经典的理论基础，但作者们并没有把目光停留在先秦时期的文化发展阶段，而是把经典传承与时俱进化，通过观察、总结、反思汉初黄老思想治下的政治、科学、养生等问题，最终把《淮南子》塑造成与前人经典并列的文化典籍。《四库全书总目》将《淮南子》与先秦诸子一齐归于"子部"。《淮南子》以前人经典成就自身经典的案例，启示后人应以严谨自律的态度学习传统文化、继承传统文化，并以发展的眼光创造新的、带有时代特色的新型文化样态。

《淮南子》富含古人智慧，是践行选择、重构经典，并在其基础上积极创新的早期代表。现代传统文化教育既关注思想内容方面的教育，也重视文化传承中方式方法的教育。可以说《淮南子》中涉及的思想内容和践行的学问方式方法与现代教育的目标意义互通。这是《淮南子》与传统文化教育的主要关联之所在。

## 一 《淮南子》的独特性

流传至今的每一部文化经典都有它的独特之处。认识《淮南子》的独特性对于把握其思想主旨与现代价值具有重要意义。

《淮南子》的独特之处首先表现在其成就源于文化与政治的对话，在政治与文化博弈的基础上形成思想主旨杂糅、不确定的特征。

先秦时期的很多思想家都关注政治问题,他们围绕特定的政治主张著书立说、争鸣论辩,希望统治者能关注其理论蕴含的现实合理性。然而,这些思想家要么是独立的知识分子群体,如庄子、墨子、孟子、荀子、韩非子,要么是没落的诸侯王室后裔,如孔子、屈原,要么是诸侯王的臣子,如惠施、老子。总的来说,诸子更多的是学术身份。即使他们在一定历史时期身处于政治圈群,但对于当时政局的变动和走向并没有表现出直接、独特的影响力。另外,春秋战国时期的诸侯国分别作为政治圈群,不仅数量多,而且所处地域相对分散。在当时,政治群体之间的权力与话语权,集中于诸侯王与政权核心的官僚阶层,他们以武力影响牵动政局,政治群体之间的对抗引导社会发展的主要走向。相对来说,学术群体、思想文化难以对政治变动产生直接的干预作用。先秦的思想家们身处政治圈群之外,百家争鸣则主要是政治多样化期间文化领域出现的短期繁荣现象。这一时期的文化与政治以多元方式协同共存。尤其是在战国中后期法家与秦国政治的深度融合之前,纵使思想家们关注政局,积极为诸侯王献策进言,但很少能做到直接干预政治,更无从引发统治核心对文化威胁的忌惮之心。

《淮南子》的作者则不同,他们是以淮南王刘安为核心的淮南学术群体。就政治背景而言,西汉的建立意味着政权的统一和中央统治者绝对领导权威的建立。刘安所在的淮南国则只是统一王朝治下的诸多封地之一。就政治从属关系而言,淮南王刘安对中央统治者具有顺从、臣服的现实必要性。然而,当时的现实状况是，诸侯属国可以独立管理本国事务，甚至立法、经济等都独立于中央。这样的权力设定为诸侯政权与中央集权的矛盾关系埋下隐患，使诸侯王的势力对中央统治者的权威构成一定威胁。因此，中央对诸侯国的政治猜疑就会在其间滋生，诸侯王因其政治身份与实际影响力而难以消解中央统治者心中的忌惮与不安。他们如果关心政治就会直接引发本国与中央的政治对抗；如果过于醉心学术，在思想文化领域名气太大，同样会引发政治危机。刘安就属于后者。

刘安的父亲因政治谋反而亡。刘安本人深知自己在政治方面的过多有为潜藏政治危机，所以没有显现其在政治方面的热情，而是醉心于文化，潜心于学术，擅长辞赋、音律等。刘安的文人特质与思想才华吸引了一大批宾客前来投靠，形成了淮南学术圈群，宾主共同完成了《淮南子》一书。在编纂《淮南子》的过程中，主持人是刘安。刘安在把控《淮南子》的思想主旨时对道家主要持肯定与赞赏的态度，对其他派别的思想则进行批判性与选择性的继承和发展，在其基础上形成了对先秦诸子的思想杂糅，奠定了《淮南子》的杂家特质。

刘安身处淮南国的政权核心，该位置既是中央政治的边缘，也是中央统治者警惕的重点所在，所以，政治中心与政治边缘的身份转换、思想对抗，构成了《淮南子》中杂糅不定的理论立场。这种阐发思想的多样化立场转换在秦汉诸子思想中是独一无二的。

《淮南子》中时常转换的理论立场，决定了其中部分思想在自由崇尚与秩序维护之间游移。要推崇自由就无法绕开老庄代表的道家思想；要维护秩序则必须持守儒家的仁义道德，支持法家的法治理念等。这样，《淮南子》中提倡的自由就成为建立在政治约束基础上的相对自由，而其所持守的制约理念往往透着道家的宽容政治理想。

先秦诸子中对后世影响最大的是儒道两家，二者在《淮南子》中实现了政治理论维度的调和，从而形成一种不同于先秦儒道的全新政治思想。汉初政治理念以道家思想为尊，从汉武帝时期开始，历朝历代的政治思想都沿着儒道互补的路径延续。儒家以外在约束、直观引导的方式显现，道家则隐于不同个体的思想意识深处。儒道思想刚柔并济、阴谋与阳谋相佐，这种处事的方法意识隐于朝堂、隐于市井、隐于每一个生命个体的精神空间。就百家思想综合杂糅的政治文化发展史来看，《淮南子》是这种政治意识的开端，具有独一无二的政治文化统领价值。

不少学者认为《淮南子》的出现在一定程度上激化了刘安与中央统治者的矛盾，著作把自己的作者们推向生命尽头。这显然不是《淮南子》作者们的初衷。一方面，也许刘安在著书之初主要希望满足自己在学术思想领域的野心，同时，以维护汉初黄老道家政治理念来向中央统治者示好。所以《淮南子》中显现出格局宏大、思想包容繁杂、肯定道家思想等特征。透过《淮南子》及其作者的历史命运可以看到政治忧患下的学术发展复杂性。从另一方面来说，虽然刘安的政治进路在其有生之年就已经覆灭，但其文化进路却绵延繁盛两千多年，这在一定程度上表现出政治与文化在发展过程中的独立性。可以说，是特定的政治生态成就了《淮南子》，同时，《淮南子》与政治沿着各自不同的路径发展。因此,《淮南子》体现的政治与文化的独特关联性,成为后人透视政治与文化之间复杂关系的经典范本。

《淮南子》的独特之处还表现在其史料价值上。《淮南子》的内容包罗天地万象,在综合先秦学术思想的同时,对当时社会上的天文、地理、物理等方面的科学知识都有记载。对于《淮南子》的作者来说,引入这些知识是为了阐述其背后的哲学思想。对于现代人而言,这些记述在帮助人们认识《淮南子》中的思想哲理之外,还能让人们知道当时社会的科学发展状况。《淮南子》中记载的科学知识都是重要的原始素材,对于后人了解汉初的科学发展状况具有重要的史料价值。

例如,对于指导农业发展的二十四节气相关知识,早在先秦时期的一些典籍中就有提及。然而,现代社会所沿用的完整二十四节气究竟最早出现于什么时候则没有明确的先秦记载。通过读《淮南子》我们可以知道,原来在西汉初期就已经形成了完整的二十四节气,其中还提到了二十八星宿、干支纪年法等天文知识,它们为后人了解汉初天文学的发展状况提供了重要的史料依据。

再如,人们要想了解古代地理学的发展离不开考究相关古代典籍。在《淮南子》之前,有关地理知识的典籍主要是《山海经》和《尚书·禹贡》,其中《山海经》是记述神话传说的古籍,对历史地理的记述具有不确定性。《尚书·禹贡》是战国文人伪托大禹所作的地理知识篇章,其中许多地理知识缺乏相关的历史印证。《淮南子·地形训》中的地理知识是对二者的补充和发展。汉初文人的学术理性升华与地理知识的历史变迁,使得其中对于地理知识的记载具有重要的科学史料价值。如,对于黄河源于昆仑山、长江源出岷山的记述,华山盛产黄金、美石的记载,这些史料对于地理史的考察具有重要的参考价值。

此外,其中还提到了医药、物理、化学等方面的相关知识。如天雄、乌头、磁铁、朱砂、硫黄等物质及其相关性能。这些在本书后面的相关篇章中会有详细的列举和说明。

总之,秦朝历时短暂,其文化生态也相对紧张。繁荣于春秋战国时期的文化在历经秦朝的传承坎陷之后,在汉初的温和环境中具备了总结、归纳、反思与延续的可行性。而相关史料记述与传承发展就集中表现在《淮南子》中。

## 二 《淮南子》的现实意义

在全球互联互通的大环境下,国家之间的互动日益频繁,不同国家都希望能在全球文化博弈中保全自身的文化底蕴,实现国家之间的文化多元共存。但事实却是,所有国家都在不断地向文化同质化的发展趋势让步。

这就是当前社会上下呼吁传统文化教育的现实根源。从个体文化接受视角而言,人们的精神素养受传统文化内核滋养的成分在减少,致使其行为实践不断脱离传统文化价值理念的导引。从民族文化延续的角度而言,虽然我国的现代化是外力推动的结果,但是现代中国的实现有赖于传统文化的成功转型。无法与社会同步发展的文化难以搭乘时代发展的快车,更容易陷入发展困境。就全球化进程中的民族文化发展需求而言,树立文化自信是推动民族自信延续的不竭源泉。而民族文化自信不仅需要精英阶层的智慧,也需要普通大众依托传统文化精华凝聚的民族精神与爱国主义精神。《淮南子》作为古代文化中的经典,是现代教育教学涵括的重要文化资源。发掘与传承《淮南子》中蕴含的思想智慧,对于个人、社会与国家发展都具有重要的现实意义。

首先,《淮南子》是提升文化素养的重要理论资源。先秦经典众多,如果说历史上有哪一部经典可以让人们同时涉猎先秦经典中的大多数文化资源,答案一定是《淮南子》。

其次,读《淮南子》可以丰富人们生活实践的行为参照。生活实践所需的包容心态与认知逻辑在《淮南子》中能找到丰富的历史人物案例作为参考。

再次,学习《淮南子》可以启发读者的知识消化与转化。《淮南子》告诉我们,文化经典可以通达实践的任意方面,而不同的认知范畴在核心价值层面是相通的。所以,同样是黄老道家的思想主旨,我们可以把它延伸到文学、政治、审美、养生等不同领域,延伸到包括物理生命诠释与精神理想培育的方方面面。因此,现代读者在读《淮南子》的过程中应参照其知识消化方式,把同一知识置于不同视域中进行参悟、反思,这样才能全面体悟其中的思想文化内核。

最后,《淮南子》告诉我们,学习经典不能停留于广泛涉猎。《淮南子》的作者在汲取前人智慧时,并没有停留于字面解读和片段罗列,而是建构了一套自己的理论体系,以自己的方式来认识经典、重构经典。虽然《淮南子》中包含大量前人思想,以至于后世一些学者以"杂家"来定位它。但是,这并没有影响到后人对其独特思想价值的肯定与赞赏,人们甚至以"新道家"称之,把它作为道家思想的重要代表。《淮南子》是汉初学术群体践行传统文化创造性转化与创新性发展的成功案例,蕴藏着现代传统文化教育的重要方法与核心精神。

# 第一章 《淮南子》的作者

作者身份及其历史命运是后人解读《淮南子》的重要方面。《淮南子》的署名作者只有刘安一人，但根据《淮南子》一书的宏大篇幅结构和相关历史记载，后世都认同其书的实际完成者除了刘安之外，还有一群刘安的宾客。尽管刘安的作用很大，但我们不能因此而忽视其宾客的作用。宾客文化产生于春秋战国时期，后来一直延续到秦汉，是后人解读《淮南子》的作者身份时无法绕开的内容。

## 一 淮南王与宾客群体

### 1. 刘安与宾客

我们常见的《淮南子》署名作者是淮南王刘安。根据历史记载，确实是刘安把《淮南子》这本著作献给当时的统治者汉武帝。刘安作为《淮南子》一书的主要完成人，是署名作者，这在淮南王生活的时代是社会上下所公认的，当然，这其中也包括《淮南子》的实际撰写群体。《淮南子·要略》被公认为是《淮南子》一书的序言,其中提到:"若刘氏之书,观天地之象,通古今之论。"这里所说的"刘氏之书",即使没有后来许慎"淮南王自谓也"的注解,读者也都明白,它所指的正是《淮南子》这本书是刘安所著。由此可见,无论是《淮南子》的作者群体,还是汉初以来的人们,都把刘安视为《淮南子》的作者。这也是为什么当前流通的《淮南子》虽然注解版本不一,但都署名为汉代刘安著的原因。

虽然署名作者是刘安,但后人也都认同《淮南子》的实际完成人不止刘安。流传下来的许多史籍资料在记载《淮南子》的作者时,都提到除了刘安之外,刘安的许多宾客也都参与其中。例如,在高诱注本《淮南子》的序言中就提到,刘安与"苏飞、李尚、左吴、田由、雷被、毛被、伍被、晋昌等八人,及诸儒大山、小山之徒,共讲论道德,总统仁义,而著此书"。这里提到了苏飞、李尚、左吴、田由、雷被、毛被、伍被、晋昌八人,但他们在《淮南子》的具体编写中承担什么样的分工角色,史书上并没有明确的记载。可以确定的是,这里提到的左吴、雷被和毛被这三个人,他们并非后人所杜撰的人名。史书上明确记载着他们与刘安相关的一些历史事迹,表明当时与刘安共事的确有其人。汉代史学家班固也指出,刘安之书的完成有赖于其门下的众多宾客。《汉书·淮南衡山济北王传》中提到:"招致宾客方术之士数千人,作为《内书》二十一篇。……亦二十余万言。"

除了史料记载,从《淮南子》一书的内容编排和主旨规模,也可以看出其所涉及思想的庞杂,内中包容观点主旨的广博。鉴于这些内容特征,后人一致认为它并不是出自一个人之手,而是由许多作者共同参与完成的思想集合。所以,把《淮南子》看作是刘安和他的宾客所组成的学术群体共同完成的典籍,一直以来都是没有异议的。

## 2. 中国古代的宾客

宾客,又可以称为门客、门人,是指凭借自身所长而依附于主人,寄居于主人之家的古代人物群体。《说文解字》云:"宾,所敬也。""客,寄也"。"宾"与"客"相对于"主"来说,都是外来的人。宾客寄居于"主"家,理应心中存有敬意,被招揽为宾客的人,主人也常以"敬"待之。春秋时期是宾客群体从无到有的萌发阶段,战国时期则是宾客文化的繁荣期。宾客文化现象一直延续到秦汉,史书中也流传下来许多这一历史时期的宾客代表。

宾客文化的出现具有一定的现实必然性,与当时社会发展过程中出现的客观原因与个体主观原因有关。宾客文化出现的客观原因包括春秋战国时期社会等级制度松动和文化下移两个方面。

首先,社会等级制度松动是宾客群体出现的现实推动力量。春秋战国时期,政治核心和社会等级关系动荡,出现了"礼崩乐坏""社稷无常奉,君臣无常位"等不稳定现象。旧时围绕血亲关系建立的宗法制度与社会等级秩序被冲破、打乱。在周天子权力弱化的同时,出现的是诸侯国借机招揽天下有才之士壮大自身权力的社会发展趋势。诸侯王通过招揽一众有才能的英雄人物,来壮大自己的政治影响力,扩大统治的辖区,提升自己的话语权。正所谓上行下效,诸侯王的求贤举动必然会带动诸侯国的贵族、卿大夫。一时间,政治权贵也都争相求贤,在门下招揽一大批宾客。他们借助宾客的才华、谋略获取一定的实际利益,甚至把门下的宾客规模视为权力与社会影响力的象征,从而极大地推动了宾客群体的增长和宾客文化的繁荣。可以说,宾客群体的出现,在一定程度上来说是社会发展过程中政权博弈的产物。

其次,学术下移推动宾客群体的发展。学识与智慧受到主人赏识,是跻身宾客群体的重要依凭。社会中下层的普通人能否接受文化教育,是推动与维系宾客群体发展的重要因素。在孔子之前,知识与学问的延续、发展主要在统治阶级周围展开,受统治阶层垄断。随着政治权力动摇,被垄断的文化开始向民间下移,出现了孔子开创私学、诸子百家争鸣等政治圈群之外的文化繁荣景象。在学术下移的影响下,普通人获取知识成为可能。出身社会中下层的普通民众在知识的汲取与武装下,具备了通向更高社会阶层的可能性。

在学术下移推动下,历史上出现了许多贫下阶层的有才之士。他们通过自身才能获得统治者认可,最终走向仕途。身居秦国宰相的张仪,获得多国相印的苏秦,他们就是先秦时期,由普通知识分子实现向统治阶层转变的重要代表。能脱颖而出,走向统治权力核心的贫下阶层知识分子,毕竟是少数。他们中的很多人则选择依附于贵族、卿大夫,成为主人的宾客,为主人效力。一些宾客,在自身才能与机遇使然的条件下,同样可以跻身统治阶层的权贵。蔺相如和李斯就是其中的代表。蔺相如曾经是战国时期赵国宦者令缪贤门下的宾客,被缪贤举荐给赵惠文王,官拜上卿。后来,蔺相如成为赵国著名的政治家、外交家,留下了完璧归赵、负荆请罪等著名历史典故。李斯在刚到秦国的时候,是吕不韦门下的宾客,后来才逐步走向秦国的政权核心。

最后,个体主观原因也是维系宾客文化延续的重要因素。在社会动乱的环境中,中下阶层的很多人失去了固定体系下的生活基础与生产资料,从而难以维系此前的稳定生活。在这种情况下,他们只能依靠自己的努力,抓住现实机遇,向更高的其他阶级、其他生活攀升。所以,很多有才能的人在社会秩序重新变动的背景下,凭借自己的能力和价值找寻新的依附,以宾客身份寄居于贵族、卿大夫之家。宾客群体在政治、军事、外交与文化诸领域积极奔走,成为推动当时社会演变的重要力量。宾客在这一过程中获取了自己所需的利益。他们不仅实现了向更高社会阶层攀升的可能,获得了更优越的生活条件,也在此过程中尽情施展了自己的才华,实现了远大的抱负。正是因为宾客群体能获得这些切实的利益,所以,社会上一大批的有才能者都纷纷涌向宾客群体,推动与维系宾客文化的长期发展。

## 3. 宾客分类

根据宾客的个人特长与对主人的效力方式,大致可以分为以下三类:

第一,凭武力之能和忠勇之心寄居于主人门下的宾客。这些宾客往往具有超凡的武艺,他们有谋略、有胆识,心怀侠义,在受到主人的信任和赏识之后,用武力之能和忠勇之心来实现自己的价值。战国时期的著名刺客荆轲就属于这类宾客。荆轲擅长剑术,行事慷慨,怀有一颗侠义之心,受燕国太子丹的倚重和托付去刺杀秦王,最终为了完成太子丹所托之事而失去性命。再如,春秋战国时期的豫让。豫让本来是晋国正卿智伯瑶门下的宾客,后来智伯瑶在魏、赵、韩三家发动的战乱中兵败身亡。豫让为了给智伯瑶报仇,曾多次刺杀赵襄子,最终刺杀未遂被捕而自杀。总之,这类宾客在辅助主人、为主人效力的过程中以武力、忠勇、血气和侠义之心见长。

第二,以言辞智巧之能见长的宾客。这类宾客擅长言说论辩,言辞犀利、思维敏捷又富于智巧,通过游说能成就常人所不能之事。平原君的宾客毛遂就是其中的代表。战国时期,赵国的都城邯郸被秦国围攻,平原君准备找二十个宾客去游说楚王抗秦。这时候,毛遂向平原君自荐,希望能一同前往,最终通过一番言说劝服平原君。到了楚国之后,见平原君等人迟迟不能说服楚王,毛遂一边持剑威胁楚王,一边就各种利害详细陈说,最终说服了楚王。平原君也因此称赞他:"毛先生以三寸之舌,强于百万之师。"擅长言辞论辩的宾客,是推动当时诸侯国之间战争与合作的重要力量。历史上的苏秦、张仪等纵横家,作为诸侯国的卿相,其言辩趋向对战国时期的政局演变起到了直接的影响作用。

第三,凭借共同的文化才能和学术志向而聚于主人之家的宾客。这些宾客通常具有一定的文化思想功底,在文化与学术领域具有一定的见解,甚至具有为文化事业奋斗的理想,在主人的主持与带动下,苦心撰写学术著作。《吕氏春秋》和《淮南子》的作者们就属于这类宾客。秦太子政继位之后,相国吕不韦掌握实权,他效法战国四公子,广泛结交宾客,编撰《吕氏春秋》一书。其内容涉及道家、儒家、法家、墨家、名家、兵家、阴阳家、农家等百家思想,综合了一众宾客的思想与智慧。虽然刘安的著作中没有明确记载,但根据《淮南子》的编撰群体与内容编排,可以推断,刘安与其宾客共同编撰《淮南子》,在一定程度上是对吕不韦招揽宾客著《吕氏春秋》的效仿。《吕氏春秋》和《淮南子》都是一群文化功底深邃的志同道合之士齐聚主人门下所完成的。虽然他们中的大多数没有在历史上留下姓名,但他们与主人的文化理想相一致,在共同协作的基础上完成学术著作。随着《吕氏春秋》与《淮南子》在后世的流传、延续,这些宾客在文化思想领域的贡献在历史上是值得铭记的。

总而言之,王侯贵族们积极笼络贫下阶层中的宾客人才,听取他们的谏言谋策,借助他们的才能或技艺,来提高自己的社会影响力与政治话语权。其中最具代表性的无疑是战国末期的魏国信陵君魏无忌、赵国平原君赵胜、楚国春申君黄歇和齐国孟尝君田文。他们积极网罗人才,宾客满门,在一定程度上影响了当时的政治局势,在当时享有盛誉,史称战国四公子。宾客依附于主人获取食禄,主人则从宾客处获得所需的外力、知识与盛誉。二者互相利用,互相依存,互相成就。春秋战国时期,政局混乱,当时的宾客主要是前两类。秦与汉的政局不再是春秋战国时期的动荡状态,而是政局稳定、统一。在政局不同的背景下,秦朝与汉初用适合自己的方式有效延续了战国以来的宾客文化,但对前两类宾客的需求开始消减。宾客的才能也由武力忠勇和政治言辩,转向更为温和的思想文化领域。他们尽展所长,最终以编撰著作的方式聚集在主人门下,在思想文化史上发挥出独特影响力。

## 4. 刘安其人

从前文可知,《淮南子》是刘安与其宾客共同完成的。这些宾客们之所以选择聚集于刘安周围,与刘安自身的学识与才华密不可分。淮南王刘安(前179年—前122年),是西汉早期极富才华的思想家、哲学家,在自然科学、医药养生和音乐审美等领域也表现出优异的才学。他本人的博学与才情,吸引了很多知识分子到他治下的淮南国来当宾客。宾客与主人围绕当时社会主要奉行的黄老道家,展开对学术、艺术、自然、生命等方面的理论探讨,使淮南国成为西汉早期的文化思想重镇。

刘安学识渊博,具有传统知识分子的特质。根据《史记·淮南衡山列传》中记载,"淮南王安为人好书鼓琴,不喜弋猎狗马驰骋"。刘安以读书获取学问知识,以音乐陶冶情操,而武人所崇尚的骑马射箭却难以激起他的兴趣。刘安尚文轻武的行为特质或许是他与生俱来的,但也不排除他刻意以这种方式来消解中央集权统治者的政治疑虑。无论真实情况如何,可以确定的是,刘安的尚文轻武并非浮于表面,而是深刻地表现在相关作品中。

刘安喜欢读书鼓琴,把文艺创作与哲学思想相结合。根据《汉书·艺文志》记载,刘安著有《琴颂》篇,并在《淮南子》中围绕音乐创作进行了相关论述。《本经训》中提到"夫人相乐,无所发贶,故圣人为之作乐以和节之"。认为圣人创作音乐,是为了排解心中的喜悦情感,把人的内心情感以与音乐和合的方式来予以抒发。这里对个人情感抒发与音乐创作关系的见解,其实也就是《荀子·乐论》中提到的"夫乐者,乐也,人情之所必不免也"。对于刘安来说,外在言行容易触碰中央统治者的禁忌,以音乐方式流露情感,则可以有效避免一些社会的外在约束。

刘安作为汉初的知识分子,在汉赋方面也有一定的影响。汉赋是汉朝时期文坛涌现出的散文形式,把声韵和散文相结合,诵读时朗朗上口,内容往往蕴含深刻寓意。《汉书·艺文志》中录入八家汉初汉赋的代表人物,分别是陆贾、朱建、赵幽王刘友、贾谊、庄忌、枚乘、淮南王刘安以及没有提到具体人名的淮南王门下宾客。录入的汉赋作品共一百七十二篇,其中流传至今的有陆贾、朱建、刘友等人的若干篇,而刘安及其宾客的八十二篇篇目和内容已全部亡佚。值得一提的是,古诗文集《古文苑》中有一首《屏风赋》,相传为刘安的作品。

> 维兹屏风,出自幽谷。根深枝茂,号为乔木。孤生陋弱,畏金强族。移根易土,委伏沟渎。飘飘殆危,靡安措足。思在蓬蒿,林有朴樕。然常无缘,悲愁酸毒。天启我心,遭遇征禄。中郎缮理,收拾捐朴。大匠攻之,刻雕削斫。表虽剥裂,心实贞悫。等化器类,庇荫尊屋。列在左右,近君头足。赖蒙成济,其恩弘笃。何恩施遇,分好沾渥。不逢仁人,永为枯木。

这篇赋以屏风为创作依凭,暗含作者对怀才不遇的怨愤;内容揭示了社会上不重视人才的现象,同时也隐含刘安自己招揽有才之士的决心。

《汉书》卷四四记载:

> 初,安入朝,献所作《内篇》,新出,上爱秘之。使为《离骚传》,旦受诏,日食时上。又献《颂德》及《长安都国颂》。每宴见,谈说得失及方技赋颂,昏暮然后罢。

这里也提到了淮南王擅长作赋的事情。其中明确提到篇名的就有《颂德》和《长安都国颂》。这则记载,表明刘安及其宾客在文学辞赋方面的才华与成就是值得肯定的。

另外,刘安对道家思想也有过专门的研究。这与当时的黄老治国思想背景有关。汉初统治者采用黄老道家思想治理国家,与民休养生息,保护此前受战乱影响而遭到破坏的社会经济。汉初的主要掌权者汉高祖、汉文帝、汉景帝、窦太后等人都极力推崇道家治国思想。上层统治者对道家的推崇,极大地影响了文武官员与普通士人对道家思想的态度。刘安及其宾客主要生活于汉文帝、汉景帝和窦太后掌权期。政治生态为他们熟读与研究道家思想提供了优厚的社会文化环境。刘安及其宾客作为一个志趣相投的知识分子群体,对包括治国理念在内的道家思想也形成了一定的研究和积累。《淮南子》就是以道家思想为统领,综合儒、墨、法、阴阳等各家学说的思想典籍,其中表现出的道家思想特质,在本书后文会详细展开介绍。值得一提的是,根据流传下来的相关文献记载,刘安及其宾客对道家思想的研究不仅仅表现在《淮南子》中,他们对《庄子》也进行过专门的研究,著有《庄子要略》和《庄子后解》。可惜的是,这两本著作在宋代之后便失传了,我们如今只能通过一些文献中的记载了解到这两本书在历史上确实存在过。据记载,"江海之士,山谷之人,轻天下,细万物,而独往者也",正是出自刘安的《庄子要略》。这在《文选》(萧统)、《归去来辞》(陶渊明)和《入华子冈是麻源第三谷诗》(谢灵运)等处均有过引用。张景阳在《七命》的注解中,引用了刘安《庄子后解》中"庚市子,圣人无欲者也。人有争财相斗者,庚市子毁玉于其间,而斗者止"的典故。

此外,刘安及其宾客的才学还表现在养生、医药、炼丹、天文等诸多领域,这些都可见于《淮南子》与其他图书记载中。

## 二 作者们的悲剧原因

《淮南子》一书完成于汉武帝时期。汉武帝执政之后,随着窦太后等推崇黄老治国思想的统治群体退出政权核心,汉朝中央的治国理念逐渐转为儒法并用,所以说,《淮南子》的完成时期,也是儒家思想的崛起阶段,也是黄老道家思想在政治影响方面转向衰退的转折期,因此,《淮南子》中的治国思想并没有受到当时统治者的重视,也没有在当时的文化界表现出独特影响力。相比于《淮南子》书中的思想,其作者的命运在当时社会引起的轰动更为巨大。最终,《淮南子》的政治理想与其作者一起退出汉朝的历史舞台。

## 1. 不对等关系下的命运互联

宾客与主人之间是互利关系。宾客依附于主人,首先能获取所需的物质利益,包括安身立命之所和日常衣食之需,然后才是得到权贵的尊重与信任,实现个体的生命价值。权贵豢养宾客,是为了获得宾客身上的资源和价值,让宾客的才能能够为自己所用。因此,主人才愿意用自己的财力、物力和权势庇护宾客,以换取宾客的信任,换得宾客的才能和忠心,并借此提高自己的社会地位和影响力。一旦二者之间的利益链条被切断,宾客与主人往往会转向分道扬镳。据《史记·廉颇蔺相如列传》记载,廉颇门下有许多宾客,廉颇失势时,其宾客也都各自散去。后来,廉颇再次被授任为将,昔日的不少宾客又回到廉颇门下。面对廉颇的不满,宾客中有人就直言:"夫天下以市道交,君有势,我则从君,君无势则去,此固其理也,有何怨乎?"意思是说,天下的人都凭着利益规则相交,当你拥有权势的时候,我就跟从于你,当你失去权势的时候我就选择离去,这是世间本来就存在的道理,你有什么好埋怨的呢?可见,宾客对主人的敬重在于图取爵禄,而主人则意在宾客为自己带来的切实利益。二者之间没有血亲关系,也没有严密的政治等级约束,所以会出现"合则留,不合则去"的自由关系。

宾客与主人之间是一种不对等的关系。总的来说,在宾主关系中,宾客始终是被动、顺从的一方。政治权贵把控、操纵着社会上所有可支配的生活资料和生产资料。社会上的各种人力、物力和智力,只有依附于一定的政权,才能稳定地存续。主人在主宾关系中拥有绝对的领导权和话语权,那些所谓获得主人的尊重和信任一说,只是主人让宾客为自己效力的手段。肯定主人的器重,并愿意为之献出自己的才能和忠勇,这是宾客为了彰显自己的意义价值,所持有的一种"自我肯定"心态。同时,也是宾客群体在追求个体价值与生命理想时所产生的内心安慰和主观诉求。

当宾客与主人之间形成持续稳固的关系,主人就会经常发挥、利用宾客的才能。历史上许多主人的荣誉和成就,与其门下的宾客具有直接的关联性。例如,吕不韦早年间本是商贾之士,是一位成功的商人。后来,他进入秦国核心政治圈层,成为才华横溢的政治家。但他在文化思想领域的成就却并不显著,他署名的《吕氏春秋》也并非出于其手,而是效仿战国四公子,礼贤下士,通过聚集众宾客之才,才最终主持编写完成。如果没有宾客贡献自己的才能,就没有吕不韦的思想家身份和他的代表作《吕氏春秋》。所以,吕不韦在思想文化领域的成就,依赖于其门下的众宾客。同样,如果没有吕不韦,宾客们也无法通过自己的条件完成《吕氏春秋》。这样的宾主关系同样适用于分析刘安和他的《淮南子》。

从政权对抗及其隐患的角度来说,中央统治者对其下属的官僚贵族养宾客之风,具有天然的排异性。同样,中央的统治者也会对那些强大、富庶的诸侯国,带有天然的防范之心。刘安与其淮南国,同时具备了这两个易于被猜疑、防范的特征。春秋战国时期的宾客与主人互相关联、互相成就。在战乱止息的汉初社会,宾客与刘安的稳定关系亦可以驱使他们共同成就文化事业。但同时,宾主之间稳定关系的背后,是宾客与主人一荣俱荣,一损俱损的命运关联性。宾客们选择依附刘安,就相当于主动投身淮南国的政权范围。一旦中央与淮南国之间矛戈相向,中央统治者定然会以同样敌对的态度,来审视那些依附于刘安的宾客们。这也是为什么《淮南子》作者们的命运与其书的命运一样,在汉初社会都蕴含着悲剧色彩的原因。

## 2. 历任淮南王殊途同归的悲剧命运

《淮南子》的作者都身处刘安治下的淮南国。他们的悲剧结局,与历史上淮南国其他几任诸侯王的命运有着内在的关联。刘安是汉朝建国以来的第四任淮南王,他的命运与前面几位淮南王可谓殊途同归。就政治矛盾而言,汉初中央与地方之间矛盾不断,常有战乱爆发。这样,诸侯国的存在,严重威胁到了中央的集权统治。就治国思想来说,《淮南子》问世不久,就面临汉武帝的弘儒抑道思想,在这种情况下,《淮南子》的治国理念显然不会获得统治者的认可与施行。就人物命运而言,《淮南子》的作者们与淮南国一起,在汉武帝时期走向覆灭。

第一任淮南王是英布。英布在秦末的反秦战争中立下赫赫战功。公元前206年,英布被项羽封为九江王,九江、庐江两郡都由他统领,治下的辖区有十四县之多。后来,英布洞见时局变化,看到项羽的所作所为无法成为人心所向,便与项羽的关系逐渐疏远。在刘项对战期间,刘邦乘势拉拢英布,瓦解了项羽的阵营。英布在归汉之后,参与围攻项羽,逼迫项羽在乌江自刎,后来被刘邦封为淮南王。英布在受封淮南王之后,辖区在之前的基础上又增加了衡山、豫章两郡,比之前的封地有了显著增加。英布受封淮南王,与当时的韩信、彭越、卢绾等异姓王的受封一样,是汉初建邦立国所需。在战事平定之后,刘邦就开始大肆诛杀异姓王,英布就在其中。最终,第一任淮南王英布,兴于秦末战乱时局,覆于汉初国家安定之时。

第二任淮南王是刘邦的幼子刘长。刘长死后谥号为"厉",史称"厉王"。刘长的生母是赵美人。《史记·淮南衡山列传》中记载:"高祖八年,从东垣过赵,赵王献之美人。厉王母得幸焉,有身。"《汉书·淮南衡山济北王传》也提到:"高帝八年,从东垣过赵,赵王献美人,厉王母也,幸,有身。"通过参考史籍记载,可以肯定刘长是汉高祖刘邦与赵氏女子之子。但不幸的是,刘邦死后吕后掌权,刘邦的子孙相继遇害。淮阳王刘友、梁王刘恢、赵王刘如意皆遭屠戮。一时间,刘邦幸存的儿子中,就只剩淮南王刘长和代王刘恒。据说刘长是吕后的养子,所以得以幸免。刘恒之所以能躲过此劫,是因为他的母亲薄姬不得宠于刘邦,所以母子二人很早就前往封地。

吕后死之后,一众大臣拥立刘恒为帝,也就是历史上的汉文帝。刘长作为汉文帝唯一幸存的兄弟,在很多方面都受到兄长的优厚对待,即使犯罪都被赦免。然而,文帝宽厚包容刘长的同时,也助长了刘长嚣张跋扈的行为习惯。最终,刘长因杀辟阳侯审食其一事,激化了朝廷内外对他积存已久的不满和畏惧。文帝随后派人到淮南国,搜集了刘长言行不当的证据,并以谋反罪废除刘长的封号,把他贬黜到蜀中。在刘长的囚车到达雍县的时候,随行的人发现他已经在车内死亡。历史上一直对刘长的谋反一事存疑。其实,对于当时的政局来说,刘长是不是真的谋反,似乎并不重要。文帝刘恒以兄弟身份接手了兄长刘盈的帝位,他定然会对自己幸存的兄弟心存潜在的恐惧。只有刘长的死亡,才能在根本上消除他的疑虑。所以,刘长的悲剧结局具有一定的历史必然性。

刘长死后,刘喜在公元前168年被汉文帝封为淮南王。在这之前,刘喜任城阳王。刘喜当了四年淮南王之后,回到城阳。总的来说,刘喜与刘安的历史命运并没有直接关系,他只是刘长去世之后与刘安任淮南王之前的一段过渡。在刘喜迁回城阳的同一年,刘安受封为新一任的淮南王,也就是第四任淮南王。

刘长死的时候只有二十多岁。汉文帝一方面对其兄弟刘长的死内心有愧,另一方面,为了稳定社会舆论,所以对待刘长的几个儿子都比较优厚。一开始是封侯,后来文帝干脆把淮南国分为三个诸侯国,立刘长的三个儿子分别为这三国的诸侯王。这样,16岁的刘安和他的两个兄弟,分别被封为淮南王、衡山王和庐江王。

刘安学识渊博,而且为人谦和。或许是受其父亲谋反的警示,他在言行中尽量避免触及统治权威,而是把自己的大多数时间和精力,用于探求知识、陶冶情操,广交天下的文人雅士。《楚辞·招隐士·序》中记载:"昔淮南王安博雅好古,招怀天下俊伟之士,自八公之徒,咸慕其德而归其仁。"这里表明,刘安身处诸侯之位,却喜好文辞、典雅之事。刘安本人德行受人赞誉,所以天下很多有才华的人都慕名前来,与他共同探讨学习。

据记载,刘安与汉武帝一直相处得不错,他的出众才华也很受武帝的赏识。《汉书·淮南衡山济北王传》中提到："时武帝方好艺文,以安属为诸父,辩博善为文辞,甚尊重之。每为报书及赐,常召司马相如等视草乃遣。"汉武帝是文帝的孙子,而刘安是汉文帝兄弟的儿子。所以,就辈分而论,刘安属于武帝的叔父辈,武帝为刘安的子侄辈,两人之间是叔侄关系。加上刘安的才华,汉武帝曾对他很是敬重,每次写给刘安的信件都要请司马相如等擅长文辞的臣下加以修饰。可以看出,汉武帝内心可能觉得自己的文辞逊于刘安,所以他尽力在书信的文辞上给刘安留一个好印象。据记载,《淮南子》内篇完成之后,刘安也是第一时间将它献给朝廷。《汉书·淮南衡山济北王传》中提到："初,安入朝,献所作《内篇》,新出,上爱秘之。"这里表明,汉武帝对刘安献的书特别喜爱。总的来说,叔侄两人的关系在汉武帝早期相处得比较和睦。然而,善始并不意味着善终,也不能改写刘安的历史悲剧。历史上的刘安在汉武帝执政时期,最终以谋反罪被逼自杀。

### 3. 刘安悲剧命运背后的历史矛盾

刘安在公元前122年因谋反罪自杀身亡。在他当淮南王的42年中,经历了汉文帝、汉景帝、汉武帝三位统治者。在这期间,刘安也曾多次入朝朝拜三位帝王,淮南国与中央皇权之间一直以来也没有什么外在冲突。刘安治下看似平静的淮南国政局与刘安谋反的悲剧结局,二者之间相关联的原因,似乎可以从淮南王命运背后的几组矛盾中寻求答案。

第一,淮南国与中央政权之间的矛盾。

从刘邦建立汉朝一直到汉武帝时期,中央与诸侯国之间的矛盾就一直在延续。与此同时,中央统治者和诸侯王之间的关系也持续紧张。刘邦在建立汉朝的过程中,为了对抗项羽,安邦定国,先后封了八位异姓的诸侯王。分别是:淮南王英布、楚王韩信、梁王彭越、赵王张耳、燕王臧荼、长沙王吴芮、燕王卢绾和韩王信。这些诸侯国有自己的军队,有权订立本国的赋税、法律禁令,有独立的官吏运行机制。在国家统一、秩序稳定之后,诸侯国独立管控所辖区域的权力,受到了刘邦的怀疑和猜忌。因为担心异姓诸侯王权力过大,会动摇自己的统治,刘邦相继以谋反罪将他们杀害。最终,八大异姓王中只有势力最弱的长沙王吴芮幸免。刘邦在处置完异姓王的"谋反罪"之后,又把刘氏子孙封为诸侯王。刘邦在位期间,诸侯王的身份实现了由异姓向刘氏的转变。

刘邦去世之后,长子刘盈继位,吕后专权。为了巩固自己儿子的帝位,吕后展开对刘邦子孙的屠戮,代之以对吕氏的分封。最终,刘邦的子孙中幸存的只有刘恒和刘长二人。

汉文帝时期,中央与地方诸侯之间的矛盾持续恶化。先是淮南王刘长因谋反而亡。后来,当时的皇太子刘启(之后的汉景帝)与吴国太子刘贤发生冲突,砸死了吴太子。这一事件为之后的吴王谋反埋下了隐患。

汉景帝时期,诸侯国与中央的矛盾持续激化。对此,晁错献出"削藩策"。晁错认为:"今削之亦反,不削亦反。削之,其反亟,祸小;不削之,其反迟,祸大。"(《史记·吴王刘濞列传》)在"削藩策"的激化下,最终出现了吴楚七国之乱。公元前154年,吴王刘濞与楚、赵、胶东、胶西、济南、淄川等七国发动叛乱。汉景帝派周亚夫率军于三个月之内平定了叛乱。虽然淮南王并没有参与其中,但也随之成为中央猜忌与监视的对象。实际上,历经削藩之后的诸侯国实力大不如前,基本上也不再具备谋反的实力。

汉武帝时期的统治,同样有很重的杀戮。汉武帝本人生性多疑,其在位期间,很多臣子被陆续杀害。根据《汉书》记载,武帝在位期间自杀和被杀的重臣有几十位,其中就有曾经身居宰相之位的窦婴、公孙贺、庄青翟、李蔡、赵周等人。汉武帝除了猜疑、诛杀臣子,也猜疑自己的后宫妃嫔与子嗣。他的卫皇后、太子刘据、阳石公主、诸邑公主、钩弋夫人等人也被杀害。汉武帝猜忌臣子、猜忌身边亲人,淮南王刘安自然也会成为他猜疑的重点对象。在西汉立国以来中央与诸侯国矛盾持续敏感的社会背景下,淮南王刘安是否真的谋反已经不重要,死亡才是他的必然结局。

第二,淮南王刘安与汉武帝的治国理念相背离。

汉朝初期,高祖、文帝、景帝在位的半个多世纪,统治者一直奉行黄老道家的治国理念,崇尚"无为而治",减轻赋税,与百姓休养生息。在黄老政治思想的影响下,社会经济得到复苏,为汉武帝时期的繁荣鼎盛奠定了良好的物质基础。其实,在汉武帝早期,政局受窦太后的影响,朝廷内外依旧崇尚黄老思想。公元前135年,窦太后去世,政权中心失去了推行黄老治国思想的核心人物。之后,黄老思想的政治地位,迅速被儒家政治理念所取代。汉武帝听取了董仲舒等人的治国意见,罢黜百家,独尊儒术,同时,任用了一大批儒士来治理国家,其中就有我们所熟知的丞相公孙弘。随着政治理念向儒家转变,社会上的知识分子们纷纷转向研习儒家思想。

当然,《淮南子》的实际完成时间,早于汉武帝独尊儒术的转变时期,所以,《淮南子》并不是刘安与汉武帝治国思想直接对抗下的产物。我们需要注意的是,汉武帝早期不推行儒家思想,有很大原因是受窦太后的直接影响。当然,作为统治集权的中心,汉武帝的治国理念转向儒家,也具有一定的社会发展进步意蕴。之后两千多年的专制社会,也主要选择了延续儒家的治国思想。这表明,儒家政治理念对专制社会的治理,具有切实的有效性。

刘安作《淮南子》的社会背景,主要是在汉景帝时期与汉武帝继位的早期,当时社会奉行的主要是黄老道家的政治思想,所以,黄老思想也就成为《淮南子》中政治思想的核心。而推行黄老思想,就必然面临着对其他思想派别的批判,其中就包括批判儒家思想。《淮南子》中有多处内容,涉及对儒家思想的批判——

批判儒家的三年之丧:

> 夫三年之丧,是强人所不及也,而以伪辅情也。三月之服,是绝哀而迫切之性也。……(《齐俗训》)

批判儒家的仁义学说难以施行,认为难以用它来教化社会:

> 孔、墨之弟子，皆以仁义之术教导于世，然而不免于僞，身犹不能行也，又况所教乎！（《俶真训》）

批判儒家的仁义礼乐不能彻底治理好国家：

> 是故仁义礼乐者，可以救败，而非通治之至也。（《本经训》）

批判儒家的"礼"，认为它只是前人留下的陈迹，并不值得提倡（《齐俗训》）；批判儒家在认识治国问题的过程中本末倒置、舍本求末（《精神训》），等等。可见，刘安及其宾客在《淮南子》中扬道抑儒的表现，为《淮南子》及其作者的政治悲剧埋下了隐患。儒士掌权之后，定然无法容忍当世学者对儒家思想的否定与批判。

第三，在政治敏感期豢养大量宾客，加重朝廷猜忌。

招揽宾客，是战国时期养士文化的延续，同时也是治理国家的需要。汉初的诸侯国本来就处于半独立的状态，钱币铸造、赋税征免都不受中央统一管辖，当时的很多诸侯王也都注重招揽人才。据史书记载，汉景帝的兄弟梁孝王刘武，汉武帝的兄弟河间献王刘德，他们都曾招揽宾客。招揽宾客显示了主人对知识和人才的器重，对于国家治理、天下安定都具有积极意义。

刘安作为诸侯王，需要广纳治理淮南国的智慧。他本人是博学多才的知识分子，又礼贤下士，欣赏人才，身边聚集起一众宾客本来就很正常。更何况，根据历史记载，在汉景帝时期的吴楚七国之乱中，无论是刘安，还是淮南国的宾客，他们都没有参与其中。另外，也没有确切的证据，能表明这些宾客和刘安一起谋反。

就诸侯王蓄养宾客一事来说，蓄养的宾客越多，越能表明主人在当时社会上的名望之高，表明其受人拥护的程度之深。然而，对于中央的帝王来说，中央政府的名气、声望，及其受士人拥护的程度，才理应是最高的。一旦诸侯国拥有显赫的声望与名气，就会构成对中央统治者的潜在威胁。更何况，汉朝建国以来，诸侯国引发的谋反叛乱多次发生。在这样的社会背景下，淮南王的显赫声望自然难以被当时的统治者平静看待。

据记载，汉武帝本人特别忌讳臣下结交宾客。《史记·卫将军骠骑列传》中提到："自魏其（窦婴）、武安（田蚡）之厚宾客，天子常切齿。"田蚡就曾以结交宾客一事攻击窦婴，说他"日夜招聚天下豪杰壮士与论议，腹非而心谤"（《史记·魏其武安侯列传》）。最后，宰相窦婴被杀的罪状之一，就是与其结交宾客有关。淮南王蓄养宾客，完成《淮南子》，思想文化领域的成就，使他的社会影响力受到汉武帝的猜忌，所以，他的谋反罪名中有"阴结宾客，拊循百姓，为叛逆事"（《史记·淮南衡山列传》）也就不足为怪。

第四，淮南王的家族矛盾处理不当。

首先，是淮南国太子刘迁与宾客雷被的矛盾。《史记·淮南衡山列传》中记载：刘迁自以为剑术不凡，听人说起府上宾客雷被擅长剑术，硬招他前来与自己比试。雷被多次辞让而不得，最后在比试中误伤到了刘迁。事后雷被心中很是不安，刚好当时朝廷广募征讨匈奴的兵力,雷被想借此离开淮南国。与此同时,刘迁多次在他父亲刘安面前说雷被的坏话,使刘安决定处罚雷被。雷被担心自己凶多吉少,于是潜逃到长安告发刘安与刘迁父子。最终,淮南国因为这件事被朝廷削去两个县。

刘安父子与宾客之间的矛盾,本来是淮南国内部的事情,只要处理得当,根本无需中央朝廷的介入。对于中央统治者来说,当时正处于对诸侯国的猜忌阶段,无论告发诸侯国的言论是否属实,都会以对诸侯国的处罚来结束。

其次,是淮南国太子与庶子之间的矛盾。刘安的庶子刘不害,是妾室所生,虽然是长子,却一直不受刘安器重。刘不害的儿子刘建,时常表现出对自己父子两人不公遭遇的不满。长期的不满导致两人心生怨念,于是,他们向朝廷告发太子刘迁聚集一众宾客意欲谋反。刘建父子本想借此事扳倒刘迁,取代其在淮南国的地位。结果,此事却成为刘安谋反案的导火索。

此外,在刘建等人告发太子刘迁谋反一事之后,宾客伍被提供了淮南王谋反的供词。历史上,伍被的供词,是"坐实"淮南王谋反罪的重要证据。据记载,伍被是刘安谋反事件中的核心策划人物。《汉书·伍被传》中提到,伍被为刘安策划谋反时,说:

> 当今诸侯无异心,百姓无怨气。朔方之郡土地广美,民徙者不足以实其地。可伪丞相、御史请书,徙郡国豪桀及耐罪以上,以赦令除。家产五十万以上者,皆徙其家属朔方之郡,益发甲卒,急其会日。又伪为左右都司空、上林中都官

诏狱书,逮诸侯太子及幸臣。其如是,则民怨,诸侯惧,即使辩士随而说之,或可以侥幸。

事后,伍被又自称是为了自保,所以控告刘安谋反。伍被的策划与告发,表明刘安在结交、任用宾客的过程中,没有做到对其才能与心性的准确识别与把握。同时,也潜藏着宾客与主人之间不稳定关系的隐患。

刘安受到谋反指控之后,汉武帝把案子交给廷尉和河南郡处理。当时的宰相是儒士公孙弘,公孙弘有一个好友,名为审卿。审卿正是五十五年前被刘安的父亲刘长所杀的审食其的孙子。这样,刘安的案子自然就难以避免儒者的歪曲和仇敌的谋划。另外,当时惯常处理冤案以标榜自己功劳的酷吏张汤,也是处理淮南王谋反案的重要人物。在这些不同势力和人物的推动下,朝中上下一致形成淮南王谋反的定论。最终,"上下公卿治,所连引与淮南王谋反列侯、二千石、豪桀(杰)数千人,皆以罪轻重受诛"(《汉书·淮南衡山济北王传》)。淮南王及其宾客尽数被杀,无一幸免。

# 第二章 《淮南子》之书

## 一 成书的原因和时间

**1. 写作目的与书名**

《淮南子》的书名一开始叫作《鸿烈》。关于《鸿烈》的意思,东汉许慎解释为:"鸿,大也;烈,功也。凡二十篇,总谓《鸿烈》。"(《淮南鸿烈间诂》)表明刘安组织宾客写这本书的野心与格局。东汉的学者高诱给出另一种解释,他认为:"鸿,大也;烈,明也;以为大明道之言也。"(《淮南鸿烈解·叙》)这种解释突出了刘安作《淮南子》的目的。

最早用《淮南》来称《鸿烈》是西汉时期的刘向,他同时还把《淮南》一书分为内篇和外篇。

**2. 写作时间**

历史上对《淮南子》的具体写作时间并没有确切的记载,只知道它大概的成书时间是汉武帝继位不久之后。根据《淮南子》中的相关内容可以做此推断。《淮南子·览冥训》中提到：

> 逮至当今之时,天子在上位,持以道德,辅以仁义,近者献其智,远者怀其德,拱揖指麾,而四海宾服,春秋冬夏,皆献其贡职,天下混而为一,子孙相代,此五帝之所以迎天德也。

高诱指出,这里提到的"天子"正是汉武帝。《史记·淮南衡山列传》和《史记·淮南王列传》两处记载均表明《淮南子》的完成时间大概在公元前139年刘安入朝拜见汉武帝的不久之前。

关于《淮南子》的开始写作时间,历史上没有相关记载。后人根据其广博内容与宏大篇幅,推断其并非是汉武帝继位之后才开始筹备写作,而应该是继位之前更早。学界通常认为《淮南子》的具体写作时间,是汉景帝中期到汉武帝早期的这一时间段。

## 二　全书的结构

目前流传的《淮南子》版本共有二十一篇,共计二十余万字。二十一篇中的最后一篇《要略》是全书的总纲。其余二十篇的篇目名字中,最后一个字都是"训",例如,《时则训》《地形训》《精神训》《兵略训》等。二十篇的内容各有所重,同时又互相通联,共同构成一个严谨有序的整体。

《淮南子》二十篇主体篇章的标题都含有"训"字,这在一定程度上表现了作者在宏观视域对标题结构的统筹编排。关于"训"的意思,《说文解字》中云:"训,说教也。说教者,说释而教之。"把"训"字涵括的阐释、教导的意思,联系《淮南子》一书的内容,可以直观作者的写书目的:通过内中阐述的道理、规律、缘由与故事等,教导世人智慧与哲理,规范世人的言论与行为。另外,也有一些学者认为,"训"字是后人所加。鉴于后世注解与附会《淮南子》的版本较多,具体已难以考究,此处不再赘述。

从《淮南子》二十篇的具体内容来看,其中涉及天地、四时、宇宙、政治、养生、审美与军事等诸多领域。书内不同篇章的篇幅相当,内容之间既有区别又有联系,其中的内容与结构均表明,《淮南子》并不是出自一个独立的作者之手,而是由不同的作者根据自己的才学与特长撰写不同部分,后来经过有组织的统一编排,最终才形成综合有序的整体。

根据《淮南子》中不同篇目的编排顺序与内容设置,全书内容可以归纳为七个部分。

## 1. 全书的总纲和序言:《要略》

《要略》首句中提到"夫作为书论者,所以纪纲道德,经纬人事"。表明本书的写作目的在于为治理国家、教化众人提供理论依据。序言中指出,本书在写作过程中遵循"事"和"道"并重的原则。其中,"道"是指自然与人类社会运行的客观规律、法则,"事"则指内嵌于人们社会实践中的风俗、伦理、制度等。首先,《要略》中对前二十篇的主要内容分别做了综合归纳。其次,简要分析了先秦时期儒家、墨家、道家、纵横家、刑名家和法家等诸子思想产生的社会背景,肯定了百家思想积极救世的理论初衷。最后,刘安自述《淮南子》对诸子思想的包容与超越,认为其书博采众长而自成一派,理应与先秦诸子一样永世流传。

## 2. "道"的起源、特征及其与人类社会变迁的对应关系:《原道训》《俶真训》

《原道训》是《淮南子》一书的首篇,全篇内容意在阐释"道"。题目中的"原"字是指本原、根源。内中解释了道无所不在、无始无终的存在特征。同时,也指出"道"是解释宇宙变化的动力源泉,认为人们只有在了解"道"的基础上,才能做到顺应道的变化规律,才能有所作为。《原道训》中对"道"的阐发,为《淮南子》书中的主旨奠定了理论与价值基础。通过通读《淮南子》,我们可以发现,全书在探讨理论与实践问题时,始终坚持"道"是宇宙万物的本原,坚持万物与人都应该遵循道的规律。

《俶真训》中"俶""真"两字,高诱注为:"俶,始也。真,实也。道之实,始于无有,化育于有,故曰俶真。"《俶真训》把"俶"和"真"作为认识"道"的重要方面,把"道"看作宇宙中最本真的存在,用"道"解释宇宙的起源与演变规律,同时,在其基础上,对天地万物从无到有的不同发展阶段,进行了划分与梳理。就其整体内容而言,本篇可以说是对《庄子·齐物论》中宇宙演化理论的继承与深化。另外,《俶真训》中也提到上古时期以来的人类社会发展各阶段,以及道德与仁义的历史出场顺序问题。这些内容也是对《庄子》中相关问题的继续与深化。此外,《俶真训》中还把"俶真"解释为一种道家理念下的人类行为状态。认为处于"俶真"状态的人,通常没有人为的复杂和巧伪。一个人想抵达"俶真"状态,只有通过"修己于内""游心于虚""反性于初"才能实现。

**3. 天文地理与四时规律:《天文训》《地形训》《时则训》**

《天文训》是研究汉朝天文学成就的重要文献,内容涉及宇宙起源、万物化生的原理。其中不仅记载了许多气象、物候和农事问题,还有五星、八风、二十八宿、干支纪年法、五音、十二律等历法和音乐方面的内容。另外,其中也提到了通过北斗斗柄旋转的方向、度数来测定并确立二十四节气的具体方式方法。值得一提的是,其中记录的农历二十四节气是目前史料中最早的完整记载。这些早期的天文学知识和文献具有重要的科学价值。

《地形训》是关于古代地理知识方面的重要文献。本篇把中国地区分为神州、次州、冀州、台州等九个州;记载了会稽山、泰山、王屋山、太华山等九座大山;提到了太汾、荆阮、方城、居庸关等九个关塞,以及一些大湖与水道。同时,就不同的地理方位,来描绘其所属地域的物产、环境和风土人情状况。另外,作者还进一步记述了海外的三十六国。虽然这些国家的信息更多的是来自传闻或想象,但其背后蕴含的审视国家地理空间的宏观视域却是进步的、科学的。最后,文中对动物、植物与人的生成与演化规律进行了阐述,其基本思路是对《庄子》中"万物皆出于机,皆入于机"的生物演化论的进一步深化。

《时则训》主要记载的是四时变化规律。中国是以农业发展为核心的文明古国。古代的中国人在农业实践中,通过观察、反思与记录,积累了丰富的季节变化规律与相关农业知识。本篇记载了十二个月的节气、物候、星宿、农事等相关知识。古人的农事活动对自然变化规律具有很强的依赖性。同时,统治者也把天道规律作为治理国家的重要行为依据。因此,我们可以看到,《时则训》在阐述节气等内容时,时常把它与人类社会的农事、祭祀、政事等相联系。这种把自然与人事相关联的思想,反映了古人观察自然、顺应自然甚至利用自然的实践智慧。

## 4. 自然规律在养生和政治方面的对应:《览冥训》《精神训》《本经训》

《览冥训》中,"览"指观览,"冥"指幽暗、微妙。"览冥"指观览微妙的变化端倪,由此探究自然和人事的玄妙关系。从《览冥训》开始,书中内容将自然规律与人的行为实践相联系,从中探究自然变化与人事演变之间的内在关联。古人认为,自然规律时刻影响着人的行为与决策,总体表现为"顺之则利,逆之则凶"。为了说明其中道理,作者借助了一些人们熟知的历史事件。例如,武王伐纣能够取得成功,在于顺应天道;战国时期出现七国之乱,原因在于人们背离了天道规律。总之,谨守自然的"无为之道",做事不违逆自然规律,使事物都按其本原的方式运行,这样才能让人们避免失败,才能推动社会稳定前行。

《精神训》中围绕"精气""精神"阐述了养生问题,是《淮南子》中集中表达养生思想的核心篇目,其中指出,虚无寂静之处是"道"所安居的地方,也是人的精神所安顿的住所。作者认为,人的精神和形体的来源不同,作用也不同,精神是人存在的根本,对于形体的活动具有主导与统摄的作用。如果人们执着于外部求索,就会有损于对精神内核的持守。作者也认为,人的精神和形体并非始终各自独立,而是相互依存、相互成就。回到本篇的养生主题来说,作者认为养生是精神与形体双重维度的保护与涵养,私欲和外物则是养生的牵累。故而,现实中那些过分追求嗜欲的人,他们用于养生的东西太过丰厚,反而使精神与外物相混杂,不利于精神与形体的虚静涵养。

《本经训》中"本"指根本,"经"是常的意思。本篇论述了治国理念的根本常法,认为统治者的治国方式应该按照自然规律与社会规律施行。全篇反复对比了早期的"无为之世"与后来的"衰败之世":"无为之世"的帝王,往往顺应天道、与时变化,他们的行为举动遵循社会规律与百姓性情,其治下的社会与四时、万物相协调;"衰败之世"则不然,统治者忙于追逐自己的私欲,无休止地扰乱自然与社会的本然发展趋势,在其治下,百姓饥寒交迫、受冻挨饿,社会上下充满奇巧与伪诈,战争时有发生,自然万物遭到破坏。历来有很多人都看到了"衰败之世"中出现的问题,努力寻求解决之道,其中,仁义、礼乐、孝悌等思想就是一些代表性的衰世补救方式;但《本经训》的作者认为,它们是治国方式中的细枝末节,或许能起到暂时补救的作用,但不能从根本上彻底解决乱世问题。要彻底解决社会之乱,就应该探求治国方式的根本,回归道家的虚静、恬淡,施行清静无为、顺应民心的自然之道。

## 5. 具体的社会、政治、军事问题：《主术训》《缪称训》《齐俗训》《道应训》《氾论训》《诠言训》《兵略训》

《主术训》中"主"指君主，"术"指原则、方法。本篇主要论述了君主治理国家、统御臣子的具体原则和方式、方法。本篇提倡的治国理念以道家的无为而治为主，认为无为而治就是按照自然规律与社会规律治国。文中还综合了儒家的仁义观和修养论，以及给君主的一些具体治国策略。例如，要积极减免赋税，施行的政令应顺应百姓的劳动时节，以此增进百姓的福祉；要选用贤能、正直的臣子担任要职，依靠众人的智慧治理国家，以自身的权势统御臣下、维系好君臣关系；还要提高自身修养，做好示范作用。可以说，本篇所提倡的治国理念，正是后人研究黄老道家政治思想的重要文献。

《缪称训》中"缪"通"谬"，指错误、差错，"称"指"名"。"缪称"之论，意在透过可称道的事物来阐明背后的奥妙与真理。本篇的内容主旨比较分散，其中阐述的很多问题与儒家的关联较为密切。作者既坚持"道"对万物的引导作用，也认同"德"对人们起着精神扶持的作用。在此基础上，作者对道德仁义的不同含义展开了详细剖析，并反复强调它们在处理社会事务过程中的重要性。为了便于世俗大众理解，作者在阐述问题的过程中运用了很多形象化比喻，同时，摒弃了冗长的语句篇幅，代之以简短的故事、道理与锦句。

《齐俗训》的"齐俗"二字是齐同风俗的意思。里面列举了不同地域和不同时代的风俗礼仪，指出这些风俗礼仪并不是固定不变的，而是在特定的时间和空间中有不同的存在样态。在这一认知基础上，作者批判儒家"礼义足以治天下"的观点并不是万能的，它们只有在适宜的裁定与规划下才能发挥有效作用。对此，要齐同风俗就应该以"道"为尊。因为"道"具有无限的包容性与可协调性，能齐同万物的优劣长短，齐同九夷的不同风气，沟通古今对同一问题的不同论辩。本篇表明"道"能贯通万物的不同事理，为不同境遇裁定与它适宜的礼义。可以说，本篇把人世间的所有事物和事务都规定在"道"的影响范围之内。

《道应训》中用五十余个古代名人的历史故事，向读者解读道家理论在实践中的可依从性。本篇内容的基本写作方式是先叙述一个故事，然后引用前人经典中的语言对其进行总结。这里用于总结和解说的先秦经典，以《老子》为主，同时也涵括了《庄子》《慎子》和《管子》等经典中的内容。总的来说，本篇的写作结构相对单一，理解起来也相对轻松，但它同样是《淮南子》中不容忽视的重要篇章。

《氾论训》标题中的"氾"同"泛"，有广泛的意思。本篇探讨的问题较多，内容主题也相对分散。有的内容涉及作者的历史观，探讨了科学发展与社会发展的进步历程。有的是关于作者对礼教与法制问题的看法，认为它们应该随着社会发展不断调整，而不是固守古人的理论成就。另外，还提到了作者对选用人才的看法，认为即使在三王武帝时期也根本没有"全其行"的全能人才。这就需要统治者在审视人才的过程中，对人才的不完满性与微小行为过失持宽容态度，根据不同人才的特长来发挥其才能。此外，文中还提到了关于人们崇拜鬼神的问题，认为鬼神的存在有一定的合理性，但就本篇态度倾向来说，作者所坚持的始终是无神论。

《诠言训》中主要是阐述一些精微的言论。全篇从"太一"生万物说起，认为"太一"是天地无形、混沌朴素、元气质朴的状态，天地万物都是在这种本原状态下被逐渐创造出来，最终发展出不同的物类、个体。作者认为，明白了这个道理，也就通晓了"道"的表现。因为"道"既可以独立于万物，又能通达万物，通于人事，所以，统治者应该在治国实践中效仿它，谨守"无为"。在其看来，"守道"是治理国家、安养百姓、成就霸业的根本。本篇也关注人们修身养性的问题，认为人们应该以虚己、治心、适情为准则，处理好喜怒、好憎、饮食、动静、性情等方面的问题。总体而言，作者在劝诫与引导世人言行的过程中，以先秦道家的"无为"理念为核心。

《兵略训》是一篇军事文论。本篇提到了当时人们对战争性质的认识，也探讨了一些具体的用兵谋略和法则，以及军队内部管理运作方面的相关问题。总的来说，文论对军事发展和用兵实践的论述是以"道"为根本，认为在用兵的具体过程中要掌握天、地、人这些不同要素的变化规律。无论是"三策""二权""三势"，还是"四义""五行""十守"，这些作战原则的有效施行，都是建立在掌握客观规律的基础上。《兵略训》的许多内容都继承与发展了《六韬》《孙子兵法》等先秦军事思想。值得一提的是，本篇虽然把用兵的谋略法则作为阐述的重点，但在作者看来，社会政治和民心向背更为重要，它们才是超越具体的战术法则而真正决定战争成败的关键所在。

## 6. 寓言、箴言集:《说山训》《说林训》

《说山训》属于故事与锦言汇聚的篇章,这里的"山",象征世间的事理像天地间的山那么多。本篇主要是讲述许多零散的寓言和故事,并阐述它们背后的道理。例如,文中指出,君子选择持守正义就应该始终坚持:"兰生幽谷,不为莫服而不芳;舟在江海,不为莫乘而不浮;君子行义,不为莫知而止休。"强调内心平定才能客观公正地认识事物:"拘囹圄者,以日为修;当死市者,以日为短。日之修短有度也,有所在而短,有所在而修也,则中不平也。故以不平为平者,其平不平也。"另外,通过列举待在监狱的人感到日子长,和走在街市上即将被砍头的人感觉时间短,来说明当人的内心不平正时,所做的判断往往也是不平正的。

《说林训》与《说山训》相似,也是汇集了许多锦言道理。这里篇名中的"林"字,与上一篇中"山"字的所指一样,用于比喻世间之理像林木那样众多。本篇涵括的具体内容同样散碎庞杂。我们这里简单列举几例,文中认为,人们在治学过程中应注重"御马""治人"等具有实际用处的知识,而像"御龙""治鬼"这些没有施展才能之处的理论方法则没有学习的必要。看待问题不能只关注事物的某一个特征,而应该把具体特征置于事物本然的整体中来认识它。"以兔之走,使犬如马,则逮日归风;及其为马,则又不能走矣。"意思是说,人们看到兔子跑得快,就想象着它要是像马那样大说不定就能追上太阳、追上巨风了。然而,当兔子真得像马那么大的时候,它可能又没法跑得像兔子那么快了。因为兔子能迅速奔跑,与它的形体短小轻便有关,一旦脱离形体优势,也就无法快速奔跑了。作者表面上是在说兔子,实际上在引导人们反思认识事物的道理与方法。

**7. "辩证"思维与"无为"理念:《人间训》《修务训》《泰族训》**

《人间训》中讲述了许多人世间的事情,重点在于揭示事情背后的规律、道理,希望人们在获悉道理之后能处理好世间诸事。本篇所强调的道理、规律大多充满辩证色彩。作者以动态的视角,分析事情的变化踪迹,看到它们是在一些相反相成的对立概念与关系中维系发展的。作者指出,人间万事皆祸福相依、得失相随、损益互变、利害互生,引导人们在看到事物一端的时候,主动联系到其相反的另一端。"使人知祸之为福,亡之为得,成之为败,利之为害也。"懂得这些相反相成的事物演变规律之后,人们就能把握到事物的精妙之处。懂得以这样的辩证方式分析问题,才能从动态整体的视角把握人间诸事,才能用辩证长远的思维方式处理事务,才能不被眼前的暂时不利状态所迷惑伤神,才能做到以从容不迫的心态应对复杂的自然与社会诸事。

《修务训》通过融汇儒家入世思想,丰富了"无为"的现实可操作性,发展了老庄的"无为"思想。在老庄思想中,"无为"指人的行为要遵循自然规律和社会规律,"有为"则是违背规律条件下的干预性作为。老庄对"无为"的践行,多了几分安顺,蕴含随物而化、不主动作为的消极成分。在生活现实中,他们主要以"避""退""隐"的方式应对社会外界的变化。《修务训》中提倡的"无为"之人,其心态是建立在德性平和的基础上。他们的行为不违背规律，是因为他们勤奋学习，不断完善自身素养，使自己的言行接近真理，使自己以"无违"的方式顺利处理好自然与社会诸事。《修务训》中为"无为"增添了主动学习、不随波逐流的主体能动性，认为这是成就事业所必需的。这里对"无为"含义的更新丰富了道家"无为"的内涵，使"无为"更契合社会实用的一面。其中主张自主学习、不因循前人的认知态度，是对那些贵古贱今、因循守旧之人的理性批判。

《泰族训》篇名中的"泰"通"大"，通"太"，是最、极大的意思。"族"是聚合的意思。"泰族"两个字表明了本篇对全书的总结作用。对照先秦诸子的思想主旨，本篇一方面坚持道家关于规律认知的重要性，另一方面强调儒家积极作为的必要性。可以说，起着对道儒两家话语体系的调和作用。文中把道家所持守的自然规律与社会规律视为"道"的根本立场，认为其思想的行为外化就是"无为"。文中引入儒家理念，是建立在人与自然互相通联的基础上。作者指出，儒家的礼义修治、观念建立、品性崇尚、德行教化等，都是以客观规律为参照的，它们能够促成"四海之内，一心同归"的理想政治生态。至于圣人，也就是理想中的统治者，他们在治国过程中既要遵循天文、地理和人事规律，又要考察贤人，制定礼乐与人伦秩序规范，还要处理好君臣关系，这样才能保障百姓富足、社会稳定。

总之，《淮南子》的二十一篇内容，除了《要略》是总结全书、点明全书要旨之外，其余二十篇的内容各有所重。它们篇名规划统一，各篇内容结构和字数比例相当，不同篇目之间表现出紧密的互通性与关联性，共同形成格局宏大、结构有序的思想体系。刘安作为淮南国政权的核心人物,同时也是淮南国学术群体的核心人物,是《淮南子》全书统筹规划与内容编排的灵魂人物。我们在读《淮南子》的同时,应谨记刘安在中国思想文化史上的重要贡献。

## 三 神话与寓言的内涵

古人认识自然现象,了解社会事务及其发展规律,主要是建立在个体想象和经验观察的基础上。为了记载和延续这些想象与经验的相关知识,人们创作了大量的神话传说和寓言故事。《淮南子》的作者在阐述思想的过程中,运用了许多早期流传下来的神话传说,也杜撰了许多寓言故事。

### 1. 神话传说:顺应规律、满足百姓、保持不争

无论在中国、西方还是其他国家地区,都不约而同地流传着许多神话传说。它们作为早期的文化形式,代表了古人对自然现象和人类社会的构想与反思。先秦时期是中国历史上的文化繁荣期,当时的思想家、哲学家在表达观点、阐发思想的过程中,时常借助于神话故事。具有代表性的有《孟子》《列子》《庄子》等先秦经典。《淮南子》也延续了这种神话叙事的表述方式,借助神话传说阐明事理。

为了说明人们只有把握事物的根本规律、内在机理,才能在任何时候保持处变不惊、泰然处之的道理,《淮南子》中借助了"嫦娥奔月"的神话传说:

> 譬若羿请不死之药于西王母,姮娥窃以奔月,怅然有丧,无以续之。何则?不知不死之药所由生也。是故乞火不若取燧,寄汲不若凿井。(《览冥训》)

在嫦娥偷吃不死之药奔月之后,羿因为失去不死药而心中怅然,对他来说,最重要的是,他没有办法再获得同样的不死药了。同样的道理,经常向别人求火,终究不如自己具备取燧打火的能力更可靠;依靠别人获取水只能解一时之渴,而自己掘井就会拥有源源不断的水。

作者为了表明这一道理与治国方式相关联,进一步提到:"故以智为治者,难以持国;唯通于太和,而持自然之应者,为能有之。"意思是说,治理国家不能仅凭外在的智巧,只有通达阴阳变化,掌握自然万物变化的内在规律,才是真正掌握了治理国家的方法。

《本经训》中引述了"后羿射日""共工触不周山""大禹治水"等神话故事,以此阐明天下大治在于统治者掌握大道,进而说明君主的行为应顺应自然规律,根据百姓需求来施行政事。

> 逮至尧之时,十日并出,焦禾稼,杀草木,而民无所食。猰貐、凿齿、九婴、大风、封豨、修蛇,皆为民害。尧乃使羿诛凿齿于畴华之野,杀九婴于凶水之上,缴大风于青丘之泽,上射十日而下杀猰貐,断修蛇于洞庭,禽封豨于桑林,万民皆喜,置尧以为天子。(《本经训》)

在我们的文化中,提到"后羿射日",人们通常会提到后羿的射日举动,联想到他是射日英雄,称赞他造福百姓的英雄品格。但在这里,更多地是借助后羿射日等一系列事情,来称赞后羿的君主尧。尧在恰当的时间派遣羿去射日,另外,还派人除掉了猰貐、凿齿、九婴、大风、封豨、修蛇这些民众面临的祸患。尧的这一系列举动,为百姓安居乐业创造了条件。尧的行为表现为,在适宜的时间派遣适宜的属下去处理其能胜任的事情。因为尧的所作所为是顺应事态规律、顺应百姓需求的,所以,他才能成为受百姓推崇与赞赏的君主。

为了阐发这一治国思想,《淮南子》的作者还借用了"大禹治水"的故事:

> 舜之时,共工振滔洪水,以薄空桑。龙门未开,吕梁未发,江、淮通流,四海溟涬,民皆上丘陵,赴树木。舜乃使禹疏三江五湖,辟伊阙,导瀍、涧,平通沟陆,流注东海。鸿水漏,九州干,万民皆宁其性。(《本经训》)

舜在位时期,水神共工发起大洪水,大水逼近东方的空桑山。当时,龙门山没有开通,吕梁尚未开掘,长江和淮河的水道互通,四海混茫,人们都逃往高山,通过攀爬树枝来逃命。这时候舜命令禹疏通三江五湖,开山、导水、平路,使洪水流向东海。因此洪水退去,百姓又可以安居。根据下文的"是以称尧、舜为圣"可以看出,作者的重点在于强调舜的圣贤作为,认为舜在适当的时间命令禹去治理水患,解民于祸患。尧和舜的行为都顺应了自然规律、社会规律,满足了百姓的需求,所以人们拥戴他们为天子,称他们为圣贤。

通过故事的逻辑脉络可以看出,共工怒触不周山引发大洪水的故事,是作为舜命禹治水的前提条件而存在。作者并没有对共工引发洪水一事进行任何主观评判。值得一提的是,共工触不周山引发洪水的故事不止出现于《本经训》一处,《原道训》和《天文训》中也提到了。作者站在不同的视角分析同一则故事,阐发了不同的思想观点。

> 昔者共工与颛顼争为帝,怒而触不周之山,天柱折,地维绝。天倾西北,故日月星辰移焉;地不满东南,故水潦尘埃归焉。(《天文训》)

意思是说,共工在和颛顼争夺天下的时候,因发怒而碰倒了西北方的不周山,不周山是传说中的天柱之一。这样,共工的行为使撑天的柱子被折,使维系大地稳定的绳准断裂。这就导致西北方的天高,而东南方的大地下倾,所以,日月星辰向西北移动,水流裹挟泥土流向东南。这里借助共工触不周山的神话解释了天地是如何形成和定型的,解释了星辰与水流等运动规律的缘由。

> 昔共工之力,触不周之山,使地东南倾;与高辛争为帝,遂潜于渊,宗族残灭,维嗣绝祀……由此观之,得在时,不在争;治在道,不在圣;土处下,不争高,故安而不危;水下流,

不争先,故疾而不迟。(《原道训》)

这里说的是,共工是传说中的水神,他因为发怒碰倒不周山,使大地向东南倾斜。他和高辛争夺帝位,失败后潜入深渊。之后,他的宗族被消灭,子孙断绝,没有后人祭祀。这里借助共工的故事来说明道家不争、处下的生活哲理。古往今来,因为擅长某事,而最终覆于其所长之事的情况时有发生,所以古人借此警醒世人:"善游者溺,善骑者堕;各以其所好,反自为祸。"在道家看来,无论擅长与否,善于处下、保持不争才是最高的智慧。

此外,《淮南子》中还提到了"阳燧取火""女娲补天""夸父逐日""神农尝百草""仓颉造字"等诸多神话故事。这些神话大多来源于《山海经》《大荒西经》《诗经》《楚辞》等早期历史文献,构成《淮南子》中构想世界起源、剖析现实问题与反映治国智慧的重要依凭。

## 2. 寓言故事:借助三个主体表达观点

寓言是利用故事表达深刻道理或思想的文学体裁。寓言通常篇幅较短,往往把某人、某物或者某些虚构的形象作为故事的主人公,以虚构的情节和巧妙的形式来寄寓作者的思想。《淮南子》中的寓言数量庞大,寓言故事构成其文学表达的重要方式。

古人为什么会选择寓言来表达思想呢?庄子在其《寓言》篇给出过答案。庄子认为,寓言是一种通过假托他人来论说问题的表达方式。他看到当父亲的不给自己的儿子做媒,是因为父亲称赞自己的儿子,不如让别人来称赞更可信。这不是父亲的错,而是由世人普遍存有的猜疑之心所导致。人们遇到那些同自己意见相同的就会应和,与自己意见不同的就会反对。大家习惯肯定与自己意见相同的,否定与自己意见不同的。在这种情况下,借助于寓言故事的主人公来发表观点或教化言行,就更容易获得世人的认同与肯定。

《淮南子》中常借助寓言故事来表达作者的观点、思想。其寓言选材的故事人物,分别是历史真实人物、普通无名百姓和一些虚幻主体形象。

首先,《淮南子》的作者围绕真实历史人物建构寓言故事。这些历史人物中,比较常见的有诸子百家的代表人物、诸侯国的官员和诸侯王等。

《道应训》中的寓言"善呼者",是一则围绕先秦名家代表人物公孙龙的寓言:

> 昔者公孙龙在赵之时,谓弟子曰:"人而无能者,龙不能与游。"有客衣褐带索而见曰:"臣能呼。"公孙龙顾谓弟子曰:"门下故有能呼者乎?"对曰:"无有。"公孙龙曰:"与之弟子之籍。"后数日,往说燕王。至于河上,而航在一汜,使善呼者呼之,一呼而航来。故曰"圣人之处世,不逆有技能之士"。故老子曰:"人无弃人,物无弃物,是谓袭明。"

《齐俗训》中的寓言"宓子论过",是围绕儒家人物宓子展开;《览冥训》中的寓言"雍门子哭见孟尝君",是借齐国宰相孟尝君田文建构的寓言;《精神训》中的寓言"禹视黄龙",是通过夏朝君主禹来呈现。

其次,是围绕普通无名百姓建构的寓言故事。

《说山训》中有寓言"越人之射":

> 越人学射远,参天而发,适在五步之内,不易仪也。世已变矣,而守其故,譬犹越人之射也。

《修务训》中的寓言"鄙人弃玉":

> 鄙人有得玉璞者,喜其状,以为宝而藏之;以示人,人以为石也,因而弃之:此未始知玉者也。

《说山训》中提到"西家之子"的寓言:

> 东家母死,其子哭之不哀。西家子见之,归谓其母曰:"社何爱速死?吾必悲哭社。"夫欲其母之死者,虽死亦不能悲哭矣。谓学不暇者,虽暇亦不能学矣。

《人间训》中建构了著名寓言"塞翁失马"。

最后,还有围绕一些虚幻人格主体呈现的寓言。这些人格主体,往往是动植物和一些虚构事物的拟人化形象。如《人间训》中讲到"狡狐搏雉"的寓言:

> 夫狐之捕雉也,必先卑体弭耳,以待其来也。雉见而信

之，故可得而擒也。使狐瞑目植睹，见必杀之势，雉亦知惊悍远飞以避其怒矣。夫人伪之相欺也，非直禽兽之诈计也。

总而言之，《淮南子》中大多数寓言的出处已经无从详细考究，它们或是历史上一些人物事件的改编，或是对前人所流传寓言的转述，或是当时作者建构。作为作者阐发思想的重要载体，《淮南子》中的寓言数目繁多，寓意深刻，它们在阐发思想之外，也是保留汉初之前文化史上所流传寓言的重要文献。

## 四　内容归属

汉代流传后世的著作不少，但被后人归为诸子系列的却只有《淮南子》。一直以来，人们对《淮南子》究竟属于道家还是杂家存在不同看法。从内容结构而言，人们倾向于把它归于杂家。但就思想主旨而言，它似乎更倾向于道家。一些学者直接以"新道家"称之，认为它代表了道家思想在汉初的新发展阶段。不同的评判标准，可以导出不同的派别结论。派别属性标签是无生命的，思想智慧才是一部传统经典能够长久发展的根本所在。因此，我们不急于判定《淮南子》的派别属性，而是分别呈现其杂家与道家的特征，让读者通过不同的特征视角，深化对《淮南子》的综合认识。

### 1. 杂家特征：综合诸子百家智慧

杂家作为思想派别的名称，最早由西汉晚期的文学家刘向和刘歆父子提出。《汉书·艺文志·诸子略》中提到：

> 杂家者流，盖出于议官。兼儒、墨，合名、法，知国体之有此，见王治之无不贯，此其所长也。及荡者为之，则漫羡而无所归心。

意思是说，杂家人物主要出自于评议朝政的官员，他们的思想综合了儒家、墨家、名家、法家等诸子百家。杂家认为，百家思想在国家治理的过程中，都有其科学合理的部分，所以，他们坚持，好的治国思想必须要兼纳百家的长处，将各家思想融会贯通，以应万变。兼容并包的特质，使得杂家思想在适时的使用中，可以发挥出超越任何单个思想派别的社会效力。然而，一旦杂家思想由思想放荡、行为放荡之人来推行，就容易流于散漫杂乱而失去其本身的主旨目标。自从杂家在汉朝以学派的名义被确立以来，后世也有不少文献对其加以定义。

纵观历代学者对杂家的定义，可以看出，虽然后人对杂家的身份源流是出于议官还是史官，其见解偶有出入，但他们一致把综合百家思想作为鉴定杂家的重要依据。同时，他们也承认，杂家对百家的综合并非停留于思想或寓言的简单糅杂，而是在兼通百家的基础上，形成只属于杂家的一系列新的治国观点与思想智慧。正因如此，杂家才能与诸子百家并列，流传至今。

对照杂家的派系特征来看，《淮南子》属于典型的杂家著作。其思想内容综合了道家、儒家、法家、墨家、阴阳家、纵横家、兵家和农家等诸子百家智慧，是典型的集大成之作。

《淮南子》对道家思想持肯定态度，这与作者们所处时代的政治与文化背景相关。汉初黄老道家思想盛行，统治者以黄老道家的智慧治国。在治国理念的影响下，上至君主、百官，下至普通百姓，都对道家思想与文化持有崇敬之心，竞相学习。在这种文化生态滋养下，《淮南子》的思想主旨表现出对黄老道家的亲和与支持，而先秦道家思想就成为其频繁引述的重点所在。《老子》和《庄子》是先秦道家的思想代表，其中的许多语言、观点和思想就多次出现在《淮南子》中。例如，《俶真训》和《原道训》中对道家的"道"进行了反复的阐述。细读之下就会发现，其思想是对《老子》中"道"的特征的延续。《淮南子》的作者认同"道"化生万物的宇宙本体论特质，认为"道"主宰着自然万物的运行规律，是人类行为规范的最高准则，也是一种言说的方式。同时，《淮南子》中推崇老子和庄子的"无为"思想，把"无为而治"作为理想的治国方式。再如，庄子的宇宙起源论及其演化路径，庄子笔下的人物特质，庄子的养生观，庄子对生死变化的态度等，这些都被《淮南子》的作者多次引述、借鉴与论证支持。

　　《淮南子》中多处涉及儒家的思想观点、经典故事和相关语录，从整体来说，对儒家文化既有批判的部分，也有引述并赞同的部分，其中既提到了孔子的言行、生活以及周游列国的见闻遭遇，对一些儒家观点给出直接评议，也提到了《周易》《诗经》《尚书》等儒家经典中的相关内容。《周易》中的《乾》《坤》《损》《益》《屯》《同人》《小过》等都在《淮南子》中出现过。《淮南子》对《诗经》的引用颇多。此外，《主术训》中还引用了《尚书·吕刑》中的"一人有庆，兆民赖之"，用于说明统治者利用自身权势可以改变社会习俗,影响万民。

《淮南子·兵略训》是汉朝军事思想的重要代表作,其中许多内容都是对《孙子兵法》《孙膑兵法》《六韬》等先秦时期军事著作的直接或间接引用、阐发。例如,《兵略训》中的"勇者不得独进,怯者不得独退"出自《孙子·军争》;"出其不意,不可以设备也"出自《孙子·计篇》的"攻其无备,出其不意";"然而高城深池,矢石若雨,平原广泽,白刃交接,而卒争先合者,彼非轻死而乐伤也,为其赏信而罚明也",则是出自《六韬·龙韬·励军》。此外,其军事思想也引用了《荀子·议兵》中的相关内容。例如:"是故上足仰,则下可用也;德足慕,则威可立也。""坚甲利兵,不足以为胜;高城深池,不足以为固;严令繁刑,不足以为威。"

《要略》《泰族训》《齐俗训》等篇目内容涉及了墨家。例如,《齐俗训》记录了墨家的手工艺成果,"鲁班墨子以木为鸢而飞之,三日不集"。《泰族训》提到了墨家"墨子服役者百八十人,皆可使赴火蹈刃,死不还踵,化之所致也"。

《主术训》《泰族训》对法家商鞅、申不害、韩非等人的思想进行引用、分析和批判,认为秦的灭亡与法家集权统治思想的运用具有直接关系。《淮南子》的作者对先秦纵横家的思想主要持否定、批判的态度。《泰族训》《诠言训》等中对张仪、苏秦进行了评述,认为他们靠巧言善辩混乱天下的行为是"异行而归于丑者也"。另外,在《齐俗训》《天文训》《时则训》等篇章中,涉及了许多先秦农家和阴阳家的思想观点。

值得一提的是,《淮南子》中并没有直接提到《吕氏春秋》或其作者吕不韦,但根据后世学者的对比分析,得出《淮南子》中不少内容与《吕氏春秋》颇为相似。例如,《淮南子·要略》中指明作者作书的目的是"所以纪纲道德,经纬人事,上考之天,下揆之地,中通诸理"。《吕氏春秋·序意》中提到的是"上揆之天,下验之地,中审之人,若此则是非可不可无所遁矣"。二者的措辞、结构与逻辑相似,都意在通过明晰天地万物的运行规律和内在机理,来指导人的言行实践。后人对比发现,《淮南子·地形训》与《吕氏春秋·有始览》、《淮南子·时则训》与《吕氏春秋·十二纪》、《淮南子·天文训》与《吕氏春秋·音律》等,二者的内容均表现出很大的相似性。根据其成书的时间先后,学者们通常认为刘安及其宾客在撰写《淮南子》的过程中参照并引用了《吕氏春秋》的相关结构和内容。

至于为什么《淮南子》的作者始终未提及《吕氏春秋》,可能是因为《吕氏春秋》的作者吕不韦虽曾位列宰相却结局悲惨。同时,《吕氏春秋》与其作者都来自秦,而汉朝是继秦之后的第一个大一统国家,因此,汉初的政界与文化界都对秦的政治与文化有所忌讳,故而不愿提及。

《淮南子》综合了先秦时期诸子百家的思想成果。通过直接引用与间接转述,刘安及其宾客们根据自身学识、见地对其进行选择性的继承、批判与深化。他们博采百家又超越百家,在深入思考、细致解读与统一编排的基础上形成新的集大成之作。先秦时期的杂家代表是《吕氏春秋》,汉初则是《淮南子》,二者均代表了当时学术界对国家统一在治国理念层面的呼应。《吕氏春秋》由秦国吕不韦及其宾客共同完成。就历史政局的演变来说,秦国要结束春秋战国的诸侯战乱局面,在统治集权方面达到统一。政局的统一,对学术思想的统一具有一定的历史需求。《吕氏春秋》兼容并包了诸子百家思想的智慧,正好适应了思想史的发展需求。但遗憾的是秦朝建立后历时短暂,作为当时学术发展代表的《吕氏春秋》对社会发挥的作用也极其有限。汉朝建立之后,统治者提倡社会上下休养生息,统治者奉行的黄老道家治国理念对百家思想也具有一定的参照作用。汉初休养生息政策奠定了国家强盛的基础,随后,汉武帝雄才伟略,在政治与文化层面发起革新,学术界也进入了新的思想文化发展阶段。就其思想发展层面来看,《淮南子》既是兼蓄融合先秦诸子百家思想的阶段性发展,也是汉初黄老治国思想的历史性总结,更是刘安及其宾客对自身学术思想的时代建构。

总之,《淮南子》一书思想庞杂却立意高远,似乎可以容纳中国历史上文化认知范畴所涉及的一切知识。其杂而不乱的思想架构,有弹性地吸收了不同思想派别的智慧,同时也为后人的不同解读方向提供了广阔的阐释空间。

## 2. 道家特征:思想主旨与价值取向的延续

《淮南子》的内容兼容与综合了诸子百家的思想,但除了道家和杂家之外,它几乎从未被看作儒家、墨家、法家等家的代表作。因为《淮南子》对道家思想的推崇、延续与深化,学界很多人都倾向于认为《淮南子》属于道家。梁启超先生曾直言:"《淮南鸿烈》实可谓集道家学说之大成。就其内容为严密的分类,毋宁以入道家也。"(梁启超《中国近三百年学术史》)

在讨论《淮南子》的道家特征之前,我们首先需要明确道家的一些相关特征。关于道家的主要特征,司马谈在《论六家要旨》中认为,道家使人的精神专一,使人的行为合于无形的道,使万物富足。道家的道术,因循阴阳家的四时变化规律,吸收儒墨两家之所长,撮取名家与法家的精要,随时势发展而变化。顺应自然万物的变化,树立风俗,广施于人事,没有它不适宜的。其意旨简约而容易操作,用较少的力量实现较多的功效。道家学说以虚无理论为基础,以因循万物本然为功用。在道家看来,世间没有一成不变的局势,没有长存不变的形貌,所以能探究万物变化的情理。不抢在万物变化规律前行动,也不在其规律变化之后刻意作为,方能成为万物的主宰。

本书对《淮南子》的道家特征描述,主要基于其思想主旨、主要价值取向,以及对先秦道家内容的延续发展诸方面。

《淮南子》中虽然综合了诸子百家之学,但就其蕴含的核心主旨来说,是以道家智慧为主。它将先秦道家的"天道"思想与"人道"行为相贯通,将"道"的规律、方法用于引导和规范社会事务、自然发展和人的行为实践。

(1)"道"在先秦道家思想和《淮南子》中具有同等地位

在《淮南子》中,"道"具有至高的地位。全书的第一篇《原道训》和第二篇《俶真训》对"道"进行了深入阐发,把"道"作为构思全书的起点,作为其整个思想体系的立论基础。

《原道训》论述了"道"存在于宇宙万物之中,具有无所不在、无所不包的普遍性。同时,指出万物之所以是我们所熟知的样态,源于万物的特征及其合理性的存在根据也都是"道"。

"道"是时间与空间中的人与万物存在发展的内在支配力量。它贯穿于自然界和人类社会,无论自然、神灵、鬼魅还是人类,都必须遵循"道"所昭示的规律法则。"道"本身的特征与运行状态是自然无为、持静守弱和坚守原初的本真。

人的行为实践则应该效法"道"、合于"道"。

人的行为与"道"相合,就意味着人应该保持安静、淡泊,顺应天地、四季和阴阳的变化,与之共存。抛开个人情绪的干扰,以舒缓合宜的方式关照万物,在世间穿行的过程中恪守本真。这样,即使游荡到空间的边界,同样可以顺利返回到开始的地方。

社会治理方式也应合于"道",实行无为而治。

统治者施行"无为"的治国理念,可以让百姓不受压迫,自由发展。这样,天下的人都归心于他,同时,奸邪之人也会对其心存畏惧。这样的统治者没有与任何百姓或万物相争,自然也就没有人和物能做到与他相争。用这样的方式治理国家,不需要用任何具体的措施去管理事务,同样也就不会遗漏任何需要管理的问题。对此,《淮南子》的作者借用了具体的比喻来加以解释,手执具体的微小工具,不如张开大网去捕获猎物更有效。用细微的法律规定去管理社会总是会有各种各样的疏忽漏洞,不如效法无所不包的"道",实行无为而治。"故体道者逸而不穷,任数者劳而无功。"(《原道训》)效法"道"来治国,不但安逸,且富有成效,相反,治理方式精于权术,既让自己辛劳,也难以真正成功。效法天道、恪守无为,这是先秦道家的根本立场,也是《淮南子》的作者给全书奠定的人类行为总依据。

（2）《淮南子》中多次直接引用或间接阐述老庄的语录、思想

《淮南子》的作者在阐述思想的过程中经常直接引用《老子》《庄子》的原文，用来总结或进一步说明其论述的问题。其中，《道应训》中对《老子》的直接引用最多，几乎其中讲到的每一个故事，在结尾处都引出《老子》进行印证与总结。

除《道应训》之外，《齐俗训》《诠言训》《人间训》等篇目也多处直接引用到了《老子》。

《淮南子》对《庄子》的引用以暗引为主，但也不乏直接引用，例如：

> 卢敖游乎北海，经乎太阴，入乎玄阙，至于蒙谷之上……故《庄子》曰："小人不及大人，小知不及大知；朝菌不知晦朔，蟪蛄不知春秋。"此言明之有所不见也。（《道应训》）

寓言中的卢敖一开始自认为游遍了四方极远之地，看尽了天下四方的不同景象。遇到蒙谷的士人之后，听到此人对其所见之处的描述，才发现自己见识短浅，极为可悲。其故事的基本思想与《庄子·秋水》中河伯望洋兴叹的故事基本一致。在故事的结尾之处，用《庄子·逍遥游》中"小人不及大人，小知不及大知；朝菌不知晦朔，蟪蛄不知春秋"来总结其思想主旨，表明其对《庄子》智慧的肯定与延续。

《淮南子》中有一些内容没有明确其出处是《庄子》，而是直接拿来引用。例如，"颜回坐忘"的寓言，就是出自《庄子·大宗

师》，通过原文对照可以看出，《道应训》中的故事情节、主人公的姓名和语言等，与《大宗师》简直如出一辙。但《道应训》中并没有提到其故事出处的相关内容，后人通过对比才发现这原本是《庄子》中的内容。

《淮南子》中对老庄思想的直接引用，还有另外一种方式，即建构寓言故事。寓言中以老庄为说教人物，用其语言来表达作者的思想，或者对其人物设定的言行态度表示肯定。同时，寓言故事中的老子和庄子的言行思想，与《老子》和《庄子》中看待问题的态度基本一致。

《淮南子》的作者对老庄思想中的功名、财富、地位、荣辱、生死等问题也进行了继承与深化，延续了先秦道家智慧的包容格局与超脱胸怀。《淮南子》倡导世人重视人的天性。其对"天性本然"与"人为使然"的区分，是对庄子思想的继承。

《老子》讲"上善若水"，通过水的特性来表现柔弱胜刚强的道理。《淮南子》则对其观点进行了进一步的深化。老子认为，水的特性最接近于道。水身处众人所不愿去往的地方，不与它物相争却最终成就万物。在老子看来，这种属性是一种至高的善，这也是"道"的特性。到了《淮南子》这里，把水描述为大到没有尽头、深到无法测量、长到无穷无尽、远到没有边际。认为它向上蒸发可以成为天上的雨露，落到地面能泽及草木，万物生长都有赖于它。这使我们联想到全书开篇对"道"的描述。

可以看出，《淮南子》在阐述思想与论述问题的过程中，与老庄思想的主旨内核具有内在关联。内中对《老子》和《庄子》的阐述方式进行了反复的参照和引用，表现为对先秦道家思想的延续与深化。

(3) 先秦道家的辩证智慧贯穿《淮南子》全书

《老子》中的认识论与实践观都充满辩证智慧。《淮南子》延续并发展了其辩证智慧,用辩证思维阐述宇宙观与四时论,解释万物的生成与演变方式。同时,将对立双方的相互依存与转化视为自然规律,通过具有辩证特色的历史案例与寓言故事来启发人事活动。

老子认为,万物从其诞生之日起,内部就蕴含阴阳两个方面,在阴阳二者的互动融合下动态发展。万物在阴阳二者的对立统一中存在,这是道化生出万物之后,万物与生俱来的内在特征。老子指出阴阳二气最终统一于"和气",却没有对"和气"进行详细的解释。《淮南子》恰好弥补了《老子》中的这一空缺,《氾论训》认为,只聚集阴气就会下沉,累积阳气太多就会向上飞扬,单独的二者均不可取,只有阴阳二气交互才能创生和气。有了和气,阴阳二气才能协调,白天和夜晚才能得以区分,万物才有生长的条件。正是在"和气"中精气的作用下,才有了万物生长与收获的不同季节。这里用阴阳互动统一的思维来解释季节变化,继承了老子用阴阳二气互动思维解释自然变化规律的逻辑,更是认识论层面对老子思想的理论创新。

除此之外,《淮南子》中也提到了利与害、取与予、祸与福、成与败、静与躁、善与恶等诸多相互对立、相互转化的概念,其中有不少都是对《老子》的继承。

# 第三章 《淮南子》之道

"道"不仅是先秦道家思想中的核心概念,也是《淮南子》中阐发思想的核心概念。但如果我们选择以老子或庄子思想中的"道"来读《淮南子》,就会遗漏掉《淮南子》发展道家思想的重要文化价值。《淮南子》的作者在呈现"道"的过程中,继承了老子和庄子的具体方式、方法,甚至语言、例证。但是,我们不能迷惑于这些相似之处,而应该透过《淮南子》的理论架构和思想主旨来重新品读它们。

## 一 老庄之后的"道":从玄学走向现实

"道"是贯穿《淮南子》的核心概念,全书设有专门的篇章集中阐述"道"的理论与实践问题。这两篇分别是《原道训》和《道应训》。作者通过对"道"的形象、特征、规律等方面的阐释,在一定程度上直接对应了先秦老子和庄子所呈现的"道"。

例如,在描述"道"与万物的生成关系时,老子直言:"道生一,一生二,二生三,三生万物。"(《老子》第四十二章)庄子认为它"生天生地","以天地为大炉火,以造化为大冶"(《庄子·大宗师》)。《淮南子》中同样认为它"生万物而不有,成化像而弗宰"(《原道训》)。可以说《淮南子》关于"道"生万物的认识是对老庄思想的继承。

同样,在提到"道"与"自然"之间关系的时候,老子直言:"人法地,地法天,天法道,道法自然。"(《老子》第二十五章)庄子坚持"道"外化为"夫吹万不同,而使其自己也"(《庄子·齐物论》),认为"道"附着于万物所生发出的音响千变万化,是万物根据自己的本然所止息,而万物的变化完全出于自然而然。用一句话来总结就是,效法"道"就应该坚持"顺物自然而无容私焉"(《庄子·应帝王》)。《淮南子》的作者同样感慨:"修道理之数,因天地之自然……万物固以自然,圣人又何事焉?"(《原道训》)认为任何道理的修治、生发都是天地间自然而然发生的,万物都有其固有的变化规律,又哪里需要圣人的干预、引导呢?

可以看出,《老子》《庄子》《淮南子》三者不同言说背后共同所指之处在于,践行、效法"道"的具体方式就在于顺应万物的本然规律。

尽管《淮南子》在描述"道"的形象、特征、运作方式等方面都表现出与老庄之"道"的一致性,但《淮南子》中对"道"在知识论域和现实功用方面的整体把握,与先秦道家表现出差异。在老庄的思想中,"道"是化生万物的本原,是万物运作的本根,是奠定其哲学体系的基石。正因如此,历来学者都认为,先秦道家思想是围绕"道"的哲学立场而建构的思想体系,而本体论、认识论、价值观、实践论等都是其哲学体系的不同论域。

如果说，老庄思想是围绕"道"的哲学立场而展开，那么，在《淮南子》中，"道"所坚守的是先秦道家论域中的一个具体分支，即"道"的政治立场。也就是说，《淮南子》的思想体系以政治为核心，是在政治目的推动下对"道"在先秦道家那里无所不包、主宰万物的特征的整体移植。在《淮南子》这里，"道"的哲学立场让位于更为实用的政治立场，因此，要全面而透彻地把握《淮南子》中的"道"，就必须要把"道"与汉初社会的政治环境，以及作者的政治心态、政治推行方式、权力维系目的、政治理想等相联系。

其实，刘安在全书的总纲《要略》中就明确告诉读者，《淮南子》的写作目的是为当时统治阶层治国安邦提供理论依据。同时，也借助其建构的政治思想，来表达自己的政治理想。

在刘安看来，著书立说的背后必然有其现实目的。刘安作《淮南子》的目的，就在于整治道德以规划人事。向上要考察天道的变化规律，向下不遗漏地上的万事万物，中间则贯通于人类社会的诸多道理。《淮南子》中的内容，确实实现了刘安的目的，它穷尽了天地的道理，涉及了人间的事务，在天、地、人的道理贯通中，形成了帝王把控政治的诸多行为准则。刘安在评判自己所著的《淮南子》时，认为它做到了以下三个方面：其一，观察天地的现象，贯通古今的事理，权衡事务来建立法规；其二，度量形势以施行合宜的措施；其三，探索道的内核，使社会发展符合三王时代的风气。总的来说，刘安通过"道"所涉及的广阔领域，以"道"的玄妙方式完善政教。内中抛弃了社会上滋生的浑浊之气,吸取了"道"的精华。用"道"来统一天下,治理万物,应对万千变化,沟通自然与社会之事。

可以看出,刘安对《淮南子》的目标设定与最终评价,都把政治目的置于核心层面。这表明,在其思想体系中,对"道"的诠释只是联通其政治构想的枢纽。因为在先秦道家的建构下,"道"在社会文化中已经具备了指向一切领域的无限至上性、包容性与可塑性,万物都源于"道",都以"道"为最高法则。刘安所关注的正是"道"通万物、统万物的特性。他以此为出发点,把"道"的这种特性移植到政治意识形态中,建构了一种类似于"道"的具有整体统摄力的政治文化系统,构想用其政治理论推动社会实现三王时期的理想治世状态。

《淮南子》的作者在建构其政治思想的过程中,涉及了诸子百家的治国智慧。通过瓦解、调和的方式,将诸子百家思想进行重构,从而形成一种包容不同治国方式、理念的宏大政治体系。"道"的统领性与包容性,使得刘安等人选取的不同诸子思想片段和不同政治观念之间,褪去了百家争鸣时代的论辩与对抗色彩。它们在"道"的黏合下,呈现出相安无事的和解样态。这样,百家思想似乎以一种活态互补的方式,在原有的基础上延伸互动、交流对话。它们以稳定平和的方式围绕在"道"周围,共同维系着《淮南子》中新的政治文化体系。

总之,在《淮南子》中,"道"在联通自然世界与人类社会的同时,内中隐含着一层政治关联性。《淮南子》中的"道",用政治立场取代了其在先秦道家思想中的哲学立场,凸显了"道"的政治性与现实实用性。因此,要把握《淮南子》中的"道",就必然要抛开对先秦道家之"道"的惯常理解,以政治思想为切入点。《淮南子》中的政治思想与诸子百家治国理念之间,是兼容并包、互联互通的。与"道"的包容性相呼应的,是一种包容、综合的宏大政治理论视角。虽然《淮南子》的治国理念始于"道",但其最终落脚却在现实,所以,《淮南子》中的"道"是一种贯通理念逻辑与现实功用的"道"。

## 二 治国之道:无为之为

《淮南子》中的治国之道以道家的"无为"理念为统领,具体包括君主实现"无为之治"所需具备的任用臣子的方法,处理君臣关系的方式,国家法制规章的施行,顺应百姓需求的作为等方面。总的来说,这些具体的方式策略中包含了诸子百家的治国智慧,其根本目的在于帮助君主实现"无为而无不为"。

### 1. 根本宗旨:无为而无不为

《淮南子》中治国理念的根本宗旨是"无为",这与先秦道家的政治思想一致。"无为"并不是提倡统治者无所作为,而是倡导在不违背自然与社会发展规律的条件下治理国家。君主践行"无为",表现为不顺应规律的事情不多为,有悖于客观规律的事情不妄为,受个人利欲驱使的事情有所不为等。在治国实践中,君主的"无为"主要是作为实现"无不为"的条件而存在。

首先,《淮南子》的作者引导人们在区分"有为"与"无为"的基础上理解"无为"。

区分"无为"与"有为",是解读《淮南子》中"无为"思想的关键所在。这在《修务训》的开篇就可以看出来。

> 或曰:"无为者,寂然无声,漠然不动,引之不来,推之不往;如此者,乃得道之像。"吾以为不然。

意思是说,有人说,"无为就是不发出声音,不做事,牵引不过来,推攘不过去,认为这样才是得道的样子"。我认为并非如此。

这里对"得道"和"无为"的描述,正是古往今来很多人透过表面字义所认识到的道家"无为"思想。《淮南子》中以此论说世人的见解,表明早在秦汉时期,很多人就把"无为"理解为悄然无声、没有行动、无所作为。针对这种错误的理解,《淮南子》中专门对照区分了"无为"和"有为",以纠正世俗之偏。

《淮南子》的作者认为,"无为"的要旨在于人的行为对自然规律的顺应,《淮南子》中所提倡的"无为",不掺杂任何个人偏私与嗜欲。"无为"理念驱使下的行为,都有自然规律和可行性道理依据。坚守"无为"的人,在事业成功之后不夸耀,建立功名之后也不居功。这样的"无为"是一种谦逊的处世智慧,而不是字面表象中传达出的不响应、不行动、不作为。

如果说"无为"是顺应规律基础上的有为,那么"无为"与"有为"的区别又是什么呢?《淮南子》中直言:用火来烤干井水,把淮水引到山上,这些都是违背自然规律的,在现实中不具有可行性,只能存在于人的主观设想中。如果非要在现实中强行而为之,那么,这就是"有为"。当然,这里所提到的违背自然规律的这些做法或构想,放在现代科学的视域中,同样可以用科学原理予以实现,只是在当时人的认知水平下,这并非自然而然实现的,所以,理解《淮南子》中的思想论述,我们不能忽视当时的社会发展水平。

像那些顺应规律、条件使然的做法,例如,走水路、沙路、泥路、山路,用适宜在其环境中行走的交通工具,按照地势高低修建梯田,沿着低洼的地势修建池塘,这些做法都属于《淮南子》作者眼中的"无为"。

可见,"无为"是合乎事物发展规律的合宜性作为,而不是世俗理解的无所事事、不作为。对此,《淮南子》的作者告诫世人,种田的人不卖力耕作,仓库就不会盈满;为官吏驾驭的人不磨砺技艺,他的心意就无法精进;将军与宰相不自强奋斗,就无法建立功业;侯王懒惰懈怠,死后就不会在世间留下好的名声。总之,如果固守"无为"就是不作为的心态,那么,无论普通百姓还是王侯显贵都将会终生一事无成。

其次,在《淮南子》中,践行"无为"就是守"道"。

《淮南子》中强调的"无为之治",就是君主在顺应自然规律、顺应事务发展态势的基础上,展开的合宜性治国作为。"无为"是君主治国的过程中需要持守的,践行"无为"就是守"一",也就是守"道"。因为"道"是万物的本原,同时也蕴含着万物变化的根本规律。君主持守住"道",就是守住了通达万事万理的关键、枢纽。

此外,《淮南子》的作者认为,君主践行"无为"才能实现"无不为"。

《淮南子》中指出,"无为"是治国行为的核心表现。以"无为"实现"无不为",体现了"无为"作为治国道术、实现理想治国样态的一面。"无为"是"道"的主体部分,行事执后则是"道"的功用。以"无为"方式实现有为,表现为治之道术;意在其后,而行于其前,是"数"。治理国家的过程中遵循道术,能使国家强大;审慎使用"数"能让国家安宁。反之,"释道而任智者,必危;弃数而用才者,必困"(《诠言训》)。放弃道术,任用智巧,就会有危险;抛弃术数,任用才智,就会走向困境。因为:

> 以巧斗力者,始于阳,常卒于阴;以慧治国者,始于治,常卒于乱。使水流下,孰弗能治?激而上之,非巧不能。(《诠言训》)

用智巧、智慧行事,往往在开始时还好,但最终却以恶、乱来结束。其背后的道理不外乎将水流强行引往高处。对于我们现代科学技术来说,其中一些作为可以轻易实现,古代的一些发明或许也可以将其付诸实践。然而,先秦道家把这种方法、智慧视为人的智巧,认为它是不合于自然本性与规律的。用智巧来实现悖逆于自然规律的事情,不如顺应规律,自然而然,让水流向地势低处。

《淮南子》中认为君主在治理国家的过程中,只有坚守"无为"才能真正实现"无不为""无不治"。"无为",指的是不在事物固有变化规律面前扰乱其本然,"无不为"则是指顺应万物的规律所成就的作为。"无治"强调不以人为的方式改变自然的属性,"无不治"则是顺应万物本身的变化规律,使其实现自然发展。天地间的事物数之不尽,但万物都有其产生的根源,持守住它的根本就可以应对各种事物的不同变化。同样,社会上的事务繁杂多样,但诸事都有各自产生的处所,持守住其要害即可。

守住"根""门",依循事物的本然规律,这样,统治者就可以治理好世间万事、万物。换言之,统治者守住"本",其实就是守住天道规律,就是对"无为"的持守。这是《淮南子》中理想的治国行为,也是让国家实现有序治理,让统治者实现"垂衣拱手""无不为"的关键所在。

最后,《淮南子》中的"无为"治国理念与汉初黄老政治实践内在统一。

《淮南子》的治国理念形成于黄老政治文化背景之下,在一定程度上也可以看作是汉初黄老政治与汉初学术思想的碰撞、会通。《淮南子》中认为,治国实践和政令颁布中推行"无为"理念,要延续之前百姓所习惯的稳定状态。具体的治国政令措施,应做到少添加、少修改,如果遇到必要的变更和修订,也应该以百姓习惯、民心所向的方式来施行。政令一旦稳定施行,就不要轻易修改。治理国家要遵循已有的规定,否则就会产生很多责难。这里所呈现的治国方式,正是汉初黄老思想在治国实践中的表现。汉初的统治者们在治国过程中,对于刘邦、萧何等人在汉初所确立的政治法律制度,主要以沿袭为主,很少做出大的变革。这里以汉初名相曹参的治国理念为例,汉朝孝惠帝元年(公元前194年),曹参任齐国丞相,他听说胶西有位名为盖公的人精通黄老学说,于是派人携带厚礼把他请来。盖公对曹参说:"治理国家的道理贵在清静无为,从而使百姓自行安定。"认为应该沿着这一道理类推到具体治国事宜。曹参于是让出自己专门办理公务的正厅给盖公住。最后,曹参以黄老学说作为治国的要领,在齐国当了九年丞相,使齐国的发展安定有序,人们都称他为贤相。

萧何死前,推荐曹参接替自己的宰相之位。曹参任宰相期间,沿用了萧何在位时创立的规章制度,依照旧时的规章办事,留下了"萧规曹随"的历史佳话。百姓称赞:"萧何制定法令,划出明确的一,曹参接替萧何为相,遵循萧何制定的法令。曹参以清静无为治国,百姓因此安定。"

以曹参为代表的汉初臣子,他们选择以黄老思想治国,是建立在黄老政治文化生态下,对自己岗位职责冷静认识的基础上。陈平是汉文帝时的宰相,在与文帝谈及自己所主之事时,他说,自己身为宰相,所务之事是辅佐君主理顺阴阳,顺应四时,以适宜万物生长的方式养育它们;在外镇抚好四夷和诸侯,在内爱护百姓使其亲附;协助卿大夫做好他们职责之内的事。一旁的文帝对其说法非常赞赏。

总之,汉初的君主与臣子都推崇黄老思想,百姓在其政治环境下得以安定,社会经济得以发展。汉初黄老政治作为特定历史阶段的治国方式,是对先秦道家"无为而无不为"的政治思想的践行,同时,也为《淮南子》总结"无为"治国理念奠定了实践基础。

## 2. 社会理想：各安其职、各乐其业

道家的社会理想在先秦时期已经有了明确的概念，当时的思想家们构想出符合道家特色的国家和社会样态。具有代表性的就是老子的"小国寡民"和庄子的"至德之世"。

老子构想的"小国寡民"是这样一番场景：国家与国家之间没有战争，兵器陈列在仓库不用；人与人之间各自安居，各乐其俗，都享受着平静富足的生活，互不相扰。

庄子的"至德之世"则是对"小国寡民"思想的继承与发展。一方面，"至德之世"延续了"小国寡民"的特征，并将这些特征与上古时期的社会相联系，在早期历史实践的印证下，它更契合人们的实际生活。另一方面，庄子在国家相望相安、百姓富足和睦之外，把包括禽兽、草木等在内的所有自然万物都纳入人类社会可构想的范围。在没有战争、生活富足之外，庄子构想延伸出一幅包含人与自然万物可游可窥、和谐共处的更大范围的和谐画面。

老子和庄子构想的理想社会，是一种安定、富足、有序的社会，这些构想是当时人们在战争频繁、物质困乏的条件下所提出的，其状态描述，更趋近于现实遭遇对立面的理想化呈现，在具体运用过程中则缺乏一定的现实可操作性。

《淮南子》中阐述的理想社会，比老子和庄子的构想更为详细、完满，总体呈现出"人得其宜，物得其安"（《主术训》），一片安定有序、怡然祥和之状。

《淮南子》中构想的理想社会没有剥削和压迫，人们物质富

足,生活状态自由平和,没有巧诈、指责等人为的是非冲突。

人们顺从自己的本性生活,没有东南西北的方向制约,饮食与游玩、嬉戏同步而没有冲突。人们的生活笼罩着上天的平和之气,自然而自由地享受大地提供的饮食馈赠。人与人之间没有巧诈,也不存在互相指责,完全是一片太平和乐的生活景象。这是《淮南子》的作者所憧憬的社会大治的样态,也是庄子所构想的古人生活场景。

虽然说《淮南子》中以古人安静祥和的生活方式为参照,来构想美好社会的样态,但其社会理想并非倒退到上古时期。在上古时期,人们更多地是处于一种"混冥"的混沌愚昧状态,当时的人甚至分不清东南西北;当时的社会呈现的那种自由祥和的状态,内中缺乏推进社会发展的人文智慧,尤其缺乏维系社会有序化的职业分工智慧。

《淮南子》的作者或许就是看到了这一点,所以,将后世的职业分工与上古时期的祥和社会状态相融合,最终构想出一种各安其职、各乐其业的社会理想。在其理想的国家中,君主、臣子、百姓都身处适合自己能力特征的岗位,扮演好自己的社会角色,所有国家成员都在安定、有序的状态下生活。用一句话来概括就是:

使各便其性,安其居,处其宜,为其能。(《齐俗训》)

在一个国家之内,不仅有统治者与被统治者之分,还有农民、士人、百工、商贾等职业群体之别。在《淮南子》理想的社会中,各职业群体之间,也是呈现出和睦发展之状。

《淮南子》所构想的理想社会中没有多余的人,虽然人们身居不同的职位、相异的行业,但是,无论官员、农民,还是百工、商人,都谨守自己的职责与本分。人们与同行同业的人交谈、互动,而不存在与周围人互相竞争的现象。

总之,《淮南子》中的理想社会,是人们都能在其所擅长的职位上发挥才能,在合宜的环境下有序生活、稳步发展。维系社会理想,要求君主能够持有同样的政治理念,在其观念价值推动下引导社会大众。《淮南子》中对君主的要求,与老子的"是以圣人常善救人,故无弃人"(《老子》第二十七章)一致。圣人忧心每一个臣子与百姓,安排他们合宜的职事,使他们在自己所擅长的职位上发挥才能、实现自我价值。如果所有人都各安其职、各乐其业,那么,整个社会就会安定有序,君主也就无需整天忙于处理繁乱的社会事务,自然而然地实现了"无为而无不为"。可以说,《淮南子》中的社会理想,本身就是在君主以"无为"方式治理国家、关照人民的基础上实现的。

## 3. 君主的治国之道

由于历史的局限,《淮南子》的作者在论及国家治理的过程中,首先倚仗的是君主。在他们看来,国家治理的好坏在很大程度上都取决于当时的统治者,所以,《淮南子》中关于主要政治理想、治国方式的阐发,都围绕统治者所施行的方法、策略来展开。

(1) 顺应民心自然

在《淮南子》中,国家治理应该遵循天道规律,而天道规律就是自然而然；同时，民心需求也是出于自然。这样，民心所向与天道规律就统一到具体的治国方式中，遵循天道规律的治国实践，自然就是以顺应民心的方式治理国家。从另一方面来说，民心所向既关乎君主是否能够得到百姓的支持与肯定，也关乎社会能否实现安定发展，所以，《淮南子》的作者坚持君主治理国家要做到顺应民心的观念。

顺应民心，要求统治者深刻体察百姓需求，并予以针对性的扶助。那么，民心所关注的问题有哪些呢？

首先，百姓希望统治者能在第一时间体察到自己的内心需求。百姓与统治者处于社会的不同阶层，是统治与被统治的不对等关系，所从事的事务完全不同，故而，在上位的统治者能否在第一时间了解到普通民众的需求，就成为百姓关心的首要问题。

例如，民众当前面临的寒暑状态：

> 冻者假兼衣于春，而暍者望冷风于秋。（《俶真训》）

受冻的人往往希望借助衣服保持自身温暖，中暑的人则希望秋天的凉风能尽快吹来。体察不同时节不同百姓的需求，为正在受冻的百姓送去取暖过冬的物资，向中暑盼望秋风的百姓送去解暑之物，这样的统治者才会受到百姓的拥戴。

君主顺应民心，需要根据百姓的喜恶来推行政令。那些百姓心之所向的事情，要勉励他们多做；那些百姓所厌恶的奸邪之情，要力行禁止：

故圣人因民之所喜而劝善,因民之所恶而禁奸。(《氾论训》)

其次,百姓希望能有稳定的安身之处。
《俶真训》中直言:

夫天不定,日月无所载;地不定,草木无所植;所立于身者不宁,是非无所形。(《俶真训》)

上天的位置不确定,日月星辰就无法运行;大地的位置不确定,草木就无法生长。同样,人们立身的地方不安定,其他生活中的是非曲直就没办法辨析明白。换言之,普通百姓的立身需求得到保障,民心才能安定,才能筑牢国家存在与稳定的根基。

因此,《淮南子》的作者直接把百姓生活安定,作为治理国家的根本所在。直言治理国家的根本就在于安定百姓,安定百姓的根本在于满足他们的用度,满足百姓用度的根本在于不扰乱他们的生产时节,不扰乱生产时节的根本在于减少政事,减少政事的根本在于节制私欲,节制私欲的根本在于返回天性本然,返回天性的根本在于抛弃外在的雕琢。人如果抛弃外在雕琢就能达到虚静状态,虚静能使人内心平定,平定是道的本来样子,虚静是道的处所。

君主做到顺应民心,使百姓安定,就是在以顺应"道"的方式治国;人民渴求生活能安定、有保障,统治者也只有在安定的社会环境中才能治理好国家。从这个角度来说,无论普通百姓还是统治者,他们双方对社会安定的需求是一致的。

此外,百姓希望能有良好的农事发展环境。

两千多年前的华夏大地上,大多数的普通百姓都以农业耕作为生。了解普通百姓的艰难生活处境,了解普通农民的耕作需求,这是统治者以顺应民心的方式推行治国举措的现实前提。

当时农民的生活是什么样的呢?通过作者的描述可以看出,普通百姓维持生活非常不易。一个人耕田不超过十亩,中等田地一亩地一年的收成不过四石,家里的妻子老弱都依赖它生活。时常会遇到水旱之类的自然灾害,还要供给国家征收的车马、兵革费用。

对此,《淮南子》的作者认为,国君应该看到百姓的生活不易之处,对百姓保有一颗怜悯之心,通过鼓励引导、政令维护、赋税合宜等具体方式支持农民的生产和生活。同时,统治者应该积极引导和鼓励百姓在不同的时节发展农事,使他们能够获得生活的物质保障。

在体察百姓农业生产的艰难之后,国君要在国家治理的层面做一些有助于百姓农耕发展的事情。例如,推行顺应农事发展的政令,支持那些有助于农业发展的举措,收取合宜的赋税等。

统治者应该推行顺应百姓发展需求的政令,适当减少苛烦的政令;统治者也要注意,应该在确保百姓基本生活能够得到满足的情况下收取赋税。

《淮南子》中对统治阶级积极支持农事的举措持赞赏态度。《淮南子》中对普通百姓的农事发展极为重视,认为君主顺应民心在很大程度上表现为,在管理百姓的过程中做到维护百姓农耕发展需求诸方面。

最后,顺应百姓,要求君主以身作则,与百姓同甘共苦,而不是明知百姓生活艰难,自己却一味享受。《淮南子》中指出,在教化百姓的过程中,君主的言行远胜于纯粹的政令法规。在古代不对等的社会关系下,社会资源分配不均衡,普通百姓的生活通常是简单朴素的,而统治阶级则可以通过权力获取更多的物质享受。

回到现实中来看,在社会资源总量确定的条件下,统治阶级攫取的物质资料越多,就意味着普通百姓手中的生活资用越少。《淮南子》中还以英明君主的衣饰要求为例,来说明合乎百姓心理的君主衣着样态。

可以看出,《淮南子》中呈现出的君主以身作则样态,大多表现为一些与普通百姓生活日常不对等的特征。在生来不平等的古代社会,人们不求君主能与自己一样风餐露宿,只希望他们能在自己的用度言行中表现出对百姓生活疾苦的关注和关心。

(2) 持守虚静本心方能规范治国言行

《淮南子》中理想的君主,在外要端正好自己的言行,用适宜的方式治国理政;在内要平息自己的私欲,以虚静平和的心态应对周遭事宜。于普通人而言,好的外在言行能成就一个人,而过度耽溺于嗜欲则可以毁掉一个人。君主的言行和私欲更是直接影响到一个国家的盛衰。

《淮南子》中认为,摒弃私欲,回归虚静本性,对每人来说都是必要的:

> 人之性无邪，久湛于俗则易。易而忘其本，合于若性……人性欲平，嗜欲害之。惟圣人能遗物而反己。夫乘舟而惑者，不知东西，见斗极则寤矣。夫性，亦人之斗、极也，以有自见也，则不失物之情，无以自见，则动而惑营。（《齐俗训》）
>
> 福生于无为，患生于多欲。（《缪称训》）

在道家思想中，人的本性是朴素无邪的，只是因为长久的受世俗侵扰，所以才滋生嗜欲，让人们误以为自己生来就嗜欲。受世俗影响变化后的人，通常会忘掉自己一开始的朴素根本，人的本性喜欢平静，嗜欲则扰乱平静，所以，一个人只有抛弃私欲才能回归本性。之所以要回归本性，是因为本性就像为人指引方向的北极星，有它指引，才不会迷失方向，不会被繁杂的世俗万物所迷惑。

对于常人而言，做事不违背自然规律，自然就能产生福气，而多欲多求会驱使人过多有为，从而遭遇诸多祸患。以虚静本性处事，才合乎天道规律。反之，受私欲牵引的作为，则会在主观情绪躁动、负担沉重等驱动下，做出悖逆天道规律的事情，这样的作为就构成道家"无为"的对立面。

对于君主而言，主体的多欲求，对应治国的积极"有为"。君主身处权势的顶端，无论获取物质的条件，还是操控社会万物的能力，都高于常人。《淮南子》中看到一些君主对个人利欲比较重视，甚至把满足私欲作为当君主的目的：

>人之所以乐为人主者,以其穷耳目之欲,而适躯体之便也。(《精神训》)

身处国君之位,享受权势之便,对于利益的获取比其他人要更为容易,但如果把满足自己耳目躯体的享乐作为当国君的目的,而不把天下百姓放在心中,不考虑国家的长久发展,那么,这样的君主根本不能真正治理好国家。

《淮南子》中认为,君主在私欲驱动下治国,就是以"有为"的方式治国,所持的只是治国方法的末端。国君喜欢凶鸟猛兽,喜欢金玉奇巧之物,就会疏忽政事,不爱惜百姓的力量;国君忙于奔驰狩猎,不按季节出入,会使百官混乱,看似辛劳却使得财力匮乏、万民愁苦、产业荒废;国君爱好亭台、沟池,爱好精美的器物、服饰,到处搜罗奇珍异玩,那么百姓的财力就会面临枯竭。统治者多诈伪,下面的人就会生出更多的巧诈之心;君主多变故,下面的人就更是反复多事;君主多干扰,下面的人就更是不安定;君主多欲求,则其治下的百姓争斗就会更频繁。正所谓上行下效,上下一体。君主内心的贪欲与智巧是扰乱社会安定的重要方面,嗜欲过多的统治者是社会的灾难。

人对名利的欲求、人的智巧思虑,这些是君主治理国家时应该摒弃的东西,在它们的牵引下治国,只能使人的形体疲劳,使人的身心陷入痛苦,同时,让人失去以公正明察的方式认识问题、解决问题的能力,古往今来的圣明君主就是认识到了这一点,做到了在私欲面前,持守虚静的本心,端正自己的言行,所以才会受到世人称赞,因此,《淮南子》的作者告诫世人:"故能有天下者,必无以天下为也;能有名誉者,必无以趋行求者也。"(《俶真训》)能够拥有天下的人,一定不是利用其统治天下的身份地位来为自己谋私利的人,同样,能够享有美好声誉的人,也一定不是靠刻意钻营谋划得来的。

(3) 慎用严刑苛法

治理国家离不开法治,先秦法家就是推崇依法治国的早期代表。《淮南子》中对法家推崇的治国理念主要持否定态度,直言申不害、韩非和商鞅这些先秦法家的代表人物所执的只是治国之道的旁枝末节。认为用这些旁枝末节治国,非但不能治理好国家,还会像抱着干柴去救火、凿开孔洞去止水那样适得其反,越治越乱。

同时,《淮南子》中还总结了商鞅、吴起这些积极推行法治之人的历史遭遇:

> 故商鞅立法而支解,吴起刻削而车裂。(《缪称训》)

商鞅在国内建立严酷的法令之后,自己最终被依律肢解;吴起推行残酷的法治,最终法治被运用到自己身上,亡于车裂。像商鞅、吴起这些精熟于法治的人都无法从严苛的法治社会中保全自身,更何况普通大众,因此,严刑苛法作为治国对策中的旁枝末节,把它作为治国的根本显然是不合适的。

《淮南子》提醒统治者,想要完全倚仗法治把国家治理好是不可能的:

> 乱世之法,高为量而罪不及,重为任而罚不胜,危为禁而诛不敢。民困于三责,则饰智而诈上,犯邪而干免。故虽峭法严刑,不能禁其奸。(《齐俗训》)

乱世的法律标准很高,却时常用来惩罚那些达不到要求的人;给百姓增加担负的工作,又惩罚不能胜任的人;给百姓的生活增加危险之事,又诛杀那些不敢从事危险之事的人。人们受到这三种责罚的困扰,就会想尽办法欺骗在上位者,运用不正当的方法来保全自己免受责罚,所以说,即使有苛刻的法律、严酷的刑罚,也无法禁止社会上的奸邪之事。

当然,不支持严苛法律,不代表摒弃法治。《淮南子》中,对法治在治国中的适当作用,还是认可的,《主术训》里指出,法律是国君执政时度量天下之事的标准。国家制定法律是为了用来惩罚那些不守法的人,所以,法律一旦确定,那些破坏法律的人,就应该受到相应的处罚。同时,对不同身份的人在法令面前要平等对待,不能因为一个人身份尊贵就减轻处罚,也不能因为一个人身份卑贱就加重他的刑罚,否则,就会堵塞用法治治理社会的通道。

《淮南子》的作者认同法治存在的合理性,同时,也反对过度依赖法治,否定用过度严苛的法令来治国。在其看来,真正圣明的君主是不固守严苛刑罚的,他们"论世而立法,随时而举事""所以为法者,与化推移者也"。他们只在必要的情况之下,适当借助法治来处理事务。同时,他们制定法律的方法,是随着万物变化而变化转移的,是一种宽松、平和、自由的处理事务方式。

(4) 选贤用人

国家是一个集体,治理国家有赖于君主的才能,同时也离不开集体的智慧。《淮南子》中认为,统治者要实现"无为之治",必须要依靠一众有才能的臣子辅助。这就需要君主具备选贤任能、因人授任、和睦君臣等方面的智慧。

首先,治国者要明确,有贤人辅助是君主治理好国家的重要条件。

仅仅靠一个人的智慧不能够治理好一个国家,仅仅靠一个人的勇武之力不能把自己变为强大之人。不能靠一个人的才华和力量完成繁重的任务,这是非常明显的道理。君主也应明白,自己身处庙堂之上,治理国家仅仅依靠自己一人的智慧是远远不够的。他之所以能够知晓天下的人与事,是凭借外物去认识众物,依靠外人去知晓众人。可以说,君主的地位是建立在众人力量维系的基础上,同样,君主统领国家的成就离不开众人智慧的推动。

中国历史上的理想君主,既可以把国家治理好,使社会稳定、百姓富足,也能保障君主自身不受繁重的国事侵扰。这种理想的治国方式,后人以"垂拱而治"来称之。"垂拱而治"形容君主不用事事躬亲,在毫不费力的情况下就把国家治理得非常好。

君主要实现"垂拱而治",需要有贤臣辅助。

尧、舜和周武王,他们都是历史上受人称赞的贤能君主,他们的功业成就都有赖于任用一众贤能的臣子。为什么一定要选用贤能的臣子,而不是其他人呢?因为"辅佐有能,黜谗佞之端,息巧辩之说"(《览冥训》)。选用贤能的人才辅佐,不仅可以缓解君主的辛劳,还可以防止社会上一些邪说歪道的扰乱。反之,如果选用的人才不够贤能的话,就会适得其反,使社会上出现大量谄媚奸佞之人,生出众多争辩巧诈之事。

君主既然选用有才能的臣下治国,就要善于听取臣下的意见,这种在上位者谦虚处下的态度,正是先秦道家所宣扬的处事智慧。

大国在与小国交往的过程中,应该放低姿态,这样才能取得小国的信任。就如同处在河流下游的大海那样,百川河流自然而然会汇聚过来。大国对小国谦让,就会取得小国信任,大国不过分欲求统治小国,就会得到小国的恭敬和依顺。大国和小国之间,一个希望受到对方的肯定和顺从,一个希望得到对方的包容和尊重。综合来看,在大国谦下的前提下,更容易实现各取所需的目的。

大国和小国,在现实能力与处境方面,显然是不对等的。处于优势地位的大国先放低姿态,更能成就二者之间的各取所需、和睦共处。在上位的大国,需要通过谦虚处下来团结小国,同样的道理,在上位的君主,应该懂得用谦虚处下的智慧来团结臣下。这是道家智慧在国家之间对话、君臣之间相处、个体之间互动等不同层面的集中表现。

其次,君主在任用臣子的时候要做到因人授任。

因人授任,是指领导者在识人用人的时候,根据不同人的能力授以他们所能胜任的工作,通过发挥不同个体的能力特长来维系团队整体的工作效率。君主是国家统治阶层的核心领导人,臣下则围绕在君主周围,以身处不同职位来处理国家事务为业。在任用臣子的过程中,是否能将不同的臣子置于其所擅长的职事中,直接反映出君主任用臣子的能力。对此,《淮南子》中把因人授任视为君主治国智慧的重要表现而加以阐述。

耳聋的人无法听见声音,但可以让他们缠绕弓箭;哑者不能与人说话,但不妨碍他们发挥守城防御的能力。人的身体、生理有不全备的地方,同样,人的才能也各有短长。有特殊生理的人有他们能胜任的事,有特殊才能的人也有适合发挥其才能的职事。一个人能胜任某事,就像举起重物不会感觉到沉重那样。把一个人的才能用于与才能相称的事,这样,他把事情做好丝毫不会觉得有困难。人事皆大小长短各异,令其各自处于适合才能发挥的地方。这样,天下万事就可以整齐而不凌乱,冲突和指责也会就此消散。圣贤的君主兼顾到社会众人的不同才智,让他们在适宜的地方发挥才能,所以就没有有才之士被遗弃的现象发生。用一句话来总结就是,不同的臣子所擅长的事情不一样,好的君主会按其才能授予职事。这样,大家都能胜任自己的工作,臣子都能各尽其才,在自己的职位上有序地处理国家事务,国家自然就能得到有序治理。否则,既是对人才的浪费,也是对治国事务的贻误。

因人授任是君主治国智慧的重要表现,这在历史上的圣贤君主那里都有体现。

对于君主来说,把不同的臣子放在他们所擅长的职位上,让他们用自身才能处理所擅长之事,君主就省去了操心诸多国事的情况。也就是说,因人授任才能让君主更趋近于"无为之治"

"垂拱而治"。《主术训》作为探讨君主治国之术的重要篇章,其中多处内容反复言明这一道理。

《淮南子》的作者反复强调因人授任的重要性,指出历来的统治者们任用合适的人才来辅助治国,就会实现社会上下和睦、百姓归附、国家安定的理想之状。反之,如果所任非人,则百姓、国家都会陷入危险与动乱之中。

因人授任的智慧,是古代统治者的必修课,其中同样蕴含着现代领导科学的智慧。这也是以《淮南子》为代表的诸多古代经典,在历史上被继承与发展的重要原因所在。

此外,《淮南子》中认为君主的治国智慧包括维系好君臣关系的智慧,把保持君臣和睦作为君主治理好国家的重要条件。

《淮南子》的作者看到了君臣和睦对于治国的重要性,其中明确指出,君臣二者的处事之道并不相同,也正是因为为君之道与为臣之道不同,所以君主和臣子,才可以在治国过程中相互补充、相互配合。

《淮南子》中认为,君道与臣道互不相同:

> 主道员者,运转而无端,化育如神,虚无因循,常后而不先也。臣道员者,运转而无方,论是而处当,为事先倡,守职分明,以立成功也。是故君臣异道则治,同道则乱。各得其宜,处其当,则上下有以相使也。(《主术训》)

意思是说,国君的治国之道是圆的,运转起来没有起始与结尾之端,就像神灵驱使、化育万物那样,是虚无广大的。同时,君主治国又依循万物的规律本然,所以它的作用表现在事物发展变化之后,而并非之前。臣下的治国之道是方的,运行过程中没有方向制约,选择用正确的方式把事情处理妥当。所以,他们做事的时候往往冲在前面,坚守职责,功过分明,以此建立功业。因此,君主与臣子分别用圆道和方道治国,就能使天下大治。倘若君主和臣子的治国之道相同,而非差异性互补,就会使天下大乱。当然,君主和臣下各自持守合于自己身份的治道,安守自己的治国位置,相互之间自然就有了互相补充的作用。

《淮南子》中借助古代君主的事例,来说明君臣和睦对于治国的重要性。

当然,君臣和睦的维系,离不开君臣互利。《淮南子》中直言:

> 君臣之施者,相报之势也。是故臣尽力死节以与君,君计功垂爵以与臣。是故君不能赏无功之臣,臣亦不能死无德之君。(《主术训》)

君臣之间并不存在无缘无故的付出,其关系需要由互相施予、互相报答来维持。在这样的关系中,臣子会为了对君主贡献力量,为国家大义牺牲自我;君主则对臣子的贡献给予适当的赏赐和爵禄。这里从现实利益层面来展开分析,指出君臣之间应该相互施予、相互报答。国君不能赏赐没有功劳的臣子,臣下也不会为无德的君主而死。如果君主和臣子在对方之处得不到自己的相应利益,那么,这种和睦的君臣关系就会面临终结。

总之,先秦与汉初社会滋养了《淮南子》中的治国智慧。在汉初思想家们那里,理想的君主重视臣子、倚重臣子,并注重与臣子协同治理国家。君主处于统治阶层的巅峰位置,执掌臣子的任用、督查之责,德泽天下。臣子则谨守本职工作,勤劳政事,奉献自己的才能。臣子像车辅那样聚集在君主周围,君臣共同引领国家前进。

## 三 审美之道:和于人心

### 1. 美与社会

《淮南子》的作者将对美的认知与想象相关联,其想象中的美,往往与美好的场景、美满的社会相融合,也就是说,《淮南子》中的美好事物、美好场景与美好社会相统一,呈现出美美相和、美美相融、美美与共的理想状态。

《淮南子》在展现美好盛世的时候,通常引入文化认知中象征祥瑞的神兽、神鸟等事物。例如,在畅想三皇统治时期的美好祥和场景时,提到:

> 当此之时,玄元至砀而运照,凤麟至,蓍龟兆,甘露下,竹实满,流黄出而朱草生。(《本经训》)

《淮南子》中多次把凤凰与好的治国状态相联系,这与人们对凤凰的认识有关。

> 凤凰高翔千仞之上,故莫之能致。(《说林训》)

这里指出,凤凰的一个显著特征就是,它飞翔的高度比一般的鸟类更高,它对自己的栖息环境要求也比普通的鸟更高。正是人们在文化中建构了凤凰的生活特征,所以直接把这些超出寻常的特征,与祥瑞征兆和圣德之世相统一。

作者认为,越是政治清朗、社会美好,凤凰出现的地方就距离国君的住所越近。上古最理想的时期,凤凰出现在君主的庭院之中;三代时期,凤凰出现在统治者的家门之外;而到了周朝,凤凰只是出现在远离周王室的沼泽之处。可以看出,这里的凤凰直接成为德政精粗、统治者的德行与政令受人们赞誉程度的重要象征。越是粗疏的统治,其影响所到达的地方就越远,祥瑞的凤凰也就越接近于他;越是精粹、周密的统治,其影响所到达的地方就越近,凤凰出现的地方也就距统治者越远。

《淮南子》中对凤凰与美好社会的关联性构想,不仅表现在宏观层面的认知融合中,还将凤凰之美与盛世之美融为一体,刻画凤凰在至德之世的盛美翱翔之状:

> 凤凰之翔至德也,雷霆不作,风雨不兴,川谷不澹,草木不摇……(《览冥训》)

至德之世是《淮南子》中的理想盛世。凤凰在至德之世翱翔,当时雷霆不再发作,风雨不会兴起,深谷大川不会泛滥,草木不再动摇。凤凰高飞于万仞之上,翱翔于四海之外,飞经昆仑之山,饮用黄河急流,在日出之地的小洲上空徘徊,在中原大地漫步行走,过东南之野,送日落西方,在弱水清洗羽翼,晚上在风穴过夜。在这个时候,天鹅、仙鹤之类,没有不惊恐逃窜的,它们把嘴插入江边不敢乱动,又何况那些麻雀、燕子之类的小鸟呢!

这里构想了凤凰翱翔、徘徊于至德之世的美好场景。作者构想凤凰的祥瑞与雷霆风雨等自然灾害的平息共存。凤凰在天地间自由飞翔、漫步、饮食,其背后隐含着人们对美好盛世的想象。至德之世中的凤凰,象征至德之世的人们。人们借助凤凰飞跃于广阔盛世,来寄托自己对美好社会的憧憬。人们构想至德之世的人不用忧心自然灾难侵扰,不用为行为受约束而发愁,一切都呈清静、安详、自由、完满的理想状态。

**2. 美与气势**

《淮南子》的作者在描述一些美好事物与场景的时候,通常突出其壮美气势。读者可以从中知悉作者对宇宙、自然与人事的刻画与反思。《淮南子》中美与气势的融合,集中表现为两个层面:其一,在语言表述中,建构了一种畅言天地万象的宏大格局与气势;其二,自然万象的气势呈现,隐含着作者对气势之美的认识,同时,也表明了作者寄情天地的壮美理想。

《淮南子》中的美学气势,表现为对广阔宇宙在不同维度的宏观描述。作者体察万物的视角,时常停留于天地、六合、阴阳等无所不包的虚空形象中。

夫天之所覆,地之所载,六合所包,阴阳所呴,雨露所

濡,道德所扶,此皆生一父母而阅一和也。(《俶真训》)

和,指和气。作者在这里指出,我们之所以可以在广阔的气势中审视自然万物与人类社会,是因为万物都产生于同一天地之间,由同一和气汇聚。它们共享天地的覆盖、大地的运载、六合的长养、雨露的滋润和道德的扶持。正是它们之间共同、共通的地方特别多,所以从广域的视角既能洞见其整体,也能体察其细微,狭隘的视域则不行:

> 日不知夜,月不知昼,日月为明而弗能兼也,唯天地能函之。(《缪称训》)

太阳不知道黑夜,月亮不知道白天,让日月同放光辉,两者是不能兼顾的,只有天地宇宙才能把它们尽数包含。可以看出,《淮南子》的作者之所以选择阐述问题的宏大视域,是因为当气势、格局变小之后,透过部分事物或事物的局部,不足以把一些没有同时出现的事物及其关系看得周全。其中道理,就如同太阳只在白天出现,只通过对太阳的认识来探索黑夜的奥妙,这显然是难以实现的。

以宏大的气势之美为底蕴,《淮南子》对当时的建筑物"强台"的刻画,在壮美中透着优美与喜悦:

> 强台者,南望料山,以临方皇,左江而右淮,其乐忘死。(《道应训》)

这里所说的强台,即京台,指战国时期楚国的高台。《淮南子》中描述其特征为,南望料山,下临方皇之水,左边是长江,右边是淮河。这里呈现的强台,以广阔的山河为依傍,在诸侯国征战的历史背景下透着壮美气势。作者进一步指出,在这种气势宏大、美景连连的地方,人们身处其中自然就心存欢乐,甚至连死亡的威胁都能在此处被忘却。可以看出,这里的美,同时也是一种山河锦绣之美,其美的特质能够沁人心脾、引人入胜,让欣赏者流连其间,甚至乐而忘忧。

《淮南子》中的气势之美,还表现在作者通过主观设想,在极高、极深的环境中构想世人所公认的美好景致与美的事物。

山致其高而云起焉,水致其深而蛟龙生焉。(《人间训》)

大山极尽它的高耸,于是云雨在这里兴起;水流极尽它的深沉,于是蛟龙在其中产生。古人对高空中的风云变幻缺乏科学的解释,往往把天空的至高之处想象为一些虚幻人格所活动的地方。例如,神仙,古人认为神仙生活的地方在天上云雾缭绕之处,众神仙主宰着人间地上的云雨变化。《淮南子》的作者并没有突出天空至高之处的神秘主义色彩,而是持守朴素唯物论视角,构想在高山的极尽之处,有云雨兴起的壮美景致。山的高耸、雨的下坠和云的盘绕,三者在人们无法抵达的高空交相辉映,场景至美。蛟龙是古代神话中的神兽,主要存在于传说中和人们的主观想象中,人们想象它所出生的地方是在极深的水下。

蛟龙出现的地方和极深的水下空间都是人力所无法直观到的,这就为人们持续的想象提供了可能。故而,任何神奇美好的事物与它们相呼应,在人们的想象建构下,都在情理之中。

道家能够跳出现实生活空间的限制,在至高至远的视角反观万物,其构想往往蕴含着道家对"美"的认知。《淮南子》的作者以道家思想为统领,一方面,坚持朴素的唯物观;另一方面,在经验认知的基础上,对未知的空间、事物与自然现象展开构想。《淮南子》中贯穿着道家审视天地万物的广阔格局,崇尚的是一种无限包容的"大美"。这种"大美",气势宏大、吞吐宇宙,既反映了当时人们对美的认知,也寄托了作者的美学理想。

### 3. 美与人为

《淮南子》中认为,人为因素往往是现实中常见之美的存在条件。人们习惯于从自我主观出发,对周围的事物进行美与丑的区分,这种划分是人的刻意而为。那些在人为条件下认定或刻凿出的所谓美的东西,其美的影响力往往具有时效性。当然,这样的人为之美,通常难以触及美的精神内核。

《淮南子》中借用一块大木在人为影响下的不同变化,来论述常人眼中的美丑。同样是百维粗的大木,做成酒器会被人们夸赞精美,如果是被丢弃到水沟则被视为丑恶。这里,大木的美丑之别,均在于人的雕琢与否。这里提到的人为雕琢的酒器之精美,正是常人普遍认识到的美。在《淮南子》的作者看来,真正的大木之美,从它被人砍断开始,就失去了依存的本根。在道家思想中,人的华而不实的言辞和伪诈的行为,都是精神品德不端正的时候才显现出来。可见,《淮南子》和先秦道家都从根本方面和细枝末节之处认识人、认识物,认为在缺乏美的精神内在的情况下,难以真正呈现外在的美。

回归现实,很多世人眼中美好的事物,其实都是在人为雕琢的基础上实现的。

> 玉坚无敌,镂以为兽,首尾成形,礛诸之功。(《修务训》)

人的喜好受主观欲望牵引。在推动世俗人为雕琢的美好事物发展过程中,统治阶级的影响力最为强大。换言之,统治者的贪欲,是人为雕琢之美存在与延续的重要推动力量。

在统治者居住的高大宫殿里,屋檐、房植都雕刻了精美的图案。图案中的枝叶、荷花等争奇斗艳,与宫殿相呼应,非常漂亮。图案中有的舒缓,有的弯曲,有的伸展,层层叠叠,细密纷繁,交相辉映,即使公输班、王尔这样的著名工匠都不能把它们雕刻得更美了,也无法满足统治者的贪欲。铸造大钟鼎,制作精美重器,在器物上雕满花草和鸟虫。例如睡觉的犀牛,俯伏的老虎,盘旋的长龙等。这些图案互相组合在一起,图案之间互相交错,光彩连连,组成华美的文饰,使人迷乱。器物经过雕琢之后光彩夺目,纹理光滑细腻,图案排列有致。

作者描述这些器物与图案之美,并非意在夸赞人为之美,而是认为它们只起着满足统治者私欲的作用,意在烘托统治者的奢华生活,暗示其中潜藏着社会祸乱的根源。

在统治者的带动下,社会上富裕的人们也争相效仿,以美好的器物、用具、衣饰来彰显其生活之美,社会上层对人为之美的追逐,是造成普通百姓遭受饥饿与寒冷的根源,与百姓面临的生活苦难正相关。

可以看出,《淮南子》认为,通常人们所说的美是在人为鉴定、人为雕琢和人的私欲驱使下产生的,这种美并非积极永恒之美。同时,它们的精美形制,是建立在普通百姓的苦难代价之上,因此,这种人为之"美",显然是一种徒有其表的不完满之美。

对此,《淮南子》认为,真正美的东西是不需要人为刻意雕琢的,天然的质朴就已经足够让人们感受它们的美好了。

总之,《淮南子》所坚持的美,不掺杂任何人为因素,是自然而然就能受到所有人称道的美。在作者看来,真正的美与丑,都是自然而然内嵌于事物而存在的,它们不会因为人的主观态度变化而有所改变。反之,以违背自然规律的方式刻意求取,并不能真正得到美。

### 4. 美与本根

真正的美,需要摒弃刻意的人为干预,但这并不意味着摒弃人心的参与。正所谓"圣人无去之心而心无丑,无取之美而美不失"(《诠言训》)。圣人的心中没有丑的东西需要抛弃,所以心中就没有丑。同样,他们不积极索取美的东西,所以自身的美也就不会失去。美,是需要人心来体察的,是与人的精神、情感共存的。能直击人的精神与情感的美,才是最为根本的美。

《淮南子》的作者认为,任何人与物都不可能同时具备外在

美与内在美,二者相比较而言,内在美才是决定外在美的根本。为了说明这一道理,《淮南子》直言:

> 故羽翼美者伤骨骸,枝叶美者害根茎。能两美者,天下无之也。(《诠言训》)

这里把人与物之美分外在美与内在美,认为骨骸是使人呈现形体之美的根本,根茎是植物展现枝叶之美的根本。通常来说,外在之美既包括事物的精美形制、图案与装饰,又包括人的美好形貌;内在美则是透过人或事物的外表,所体察到的美的精髓、内核。就二者的关系而言,这里认为不存在外在美与内在美并茂的情况,内在美是人与事物外在之美的主宰,是更为纯粹的美。

《淮南子》以美人之美为例,直言:

> 画西施之面,美而不可说……君形者亡焉。(《说山训》)

意思是说,打扮得美如西施,虽然拥有美丽的外表却不讨人喜欢。这是因为其美缺少了支配、主宰外在美的东西。如果缺少内在的美,就难以以外在表象赢得人们的喜欢。

《淮南子》认为,美好的音乐同样受人们内在情感之美的主宰:

使但吹竽,使工厌窍,虽中节而不可听,无其君形者也。(《说林训》)

在其看来,只有蕴含人的真情实感的音乐,才是真正美好、动人的音乐。那些没有精神实质的歌者和舞者,看似在歌唱、跳舞,其实表演内中没有情感,只是在展示枯燥的音乐与舞姿编排,它们都失去了美的精神内核,所以不能称其为"美"。

"故无声者,正其可听者也;其无味者,正其足味者也。"(《泰族训》)无声的音乐可以修正那些可以听到的音乐,没有味道的滋味可以纠正出鲜美的味道。人与事物的内在精神之美,虽然是外在可见之美的主宰、根本,但是,它们并没有固定的标准,人们也无法观看到它的形貌,它们始终内嵌于美好的事物之中,被人们体察与感知。

《淮南子》进一步指出,内在美的体察离不开欣赏美的精神主体。否则,美就无法进行传达与沟通。比如音乐与舞蹈的例子,韩娥、秦青、薛谈,三人都是古代歌手,颇有名气。这里借她们的音乐来说明,要呈现美好的音乐,就要懂音律、有情感,并能与听者的情感相沟通,即"和于人心"。"和"的实现,在于音乐传达者与接受者在精神层面的汇通,也就是通过音乐实现精神主体之间的沟通。

同样,跳舞的人按照节拍起舞,坐着观看的人不约而同地拍手相和,他们在音乐之美和舞蹈之美的体验中,所达到的意境是相同的。这两个例子同时表明,美的内在精神具有互通性,美之所以为美,在于人透过它能获得内在美好的感悟与交流。

《淮南子》认为,正是因为内在精神才是美的根本所在,所以音乐教育要注重其教化意义与内在精神意蕴的传承。反之,如果没有美好的精神意蕴,就无法真正达到表达高超与美妙音乐的水准。这就对唱歌之人提出理论教化层面的要求:

> 欲学歌讴者,必先徵羽乐风;欲美和者,必先始于《阳阿》《采菱》。此皆学其所不学,而欲至其所欲学者。(《说山训》)

意思是说,想要学习唱歌的人,首先要学习五音和音乐的教化意义。想要让所唱之歌达到优美和谐的音调,首先要学习《阳阿》《采菱》等经典乐曲。这些往往被看作是不需要学习的基础性技能,殊不知只有先学习好它们,才能真正悟得音乐的高深与美妙之巅。

总之,《淮南子》中对"美"的认识是从外在之美的角度切入,直达美的精神内核,将内在精神、情感作为审视美的根本。同时,作者认识到人们之间对美的体察与互动,离不开精神与情感的交流。《淮南子》中关于美的理论认知,推动人们继续围绕精神、情感探索美,进而探索人文之美的精神境界。

## 四 养生之道:内外兼养

养生智慧是《淮南子》思想的重要组成部分,在《精神训》《诠言训》《人间训》等篇目中都有专门的论述。《淮南子》中养

生的核心要旨,在于对"道"的遵循,其推崇的是内外兼养的养生之道。作者认为:

> 是故或求之于外者,失之于内;有守之于内者,失之于外。(《精神训》)

这里的"外"指形体,"内"指精神。意思是说,只重视形体而忽略精神,或者只持守精神而漠视形体,都会使另一方面缺失。作者认为,这两种只顾其一而养的养生态度,都是不可取的。这就要求人们内外兼修,将修之于身与修之于心同时兼顾。在内外兼养的核心主旨统领下,《淮南子》的作者提出了围绕身心的多维度养生方式。作者直言:

> 凡治身养性,节寝处,适饮食,和喜怒,便动静,使在己者得,而邪气因而不生。(《诠言训》)

这里指出,一个人如果能够做到起居有常、饮食适当、精神安定和适宜运动,自然而然就不会受到邪气的侵扰,身心自然安康。

总的来说,《淮南子》中的养生智慧,着重关注以下三个方面:其一,预防。具体来说,就是在日常生活中让自己形神康健,可以起到预防疾病、邪气的作用。其二,药食养生。是指人们应该做到饮食适当。这里所说的饮食食材,既包括正常的食材,也包括一些药用食材。其三,精神养护。指的是通过适时调整自身形体与精神,以使精神安定。《淮南子》中的养生智慧,是古代养生思想的重要代表,与现代科学养生理念具有高度的相通性。

## 1. 预防

《淮南子》中重视以预防病症的方式保养身体。直言:"良医者,常治无病之病,故无病。"(《说山训》)意思是说,人们身体出现不适,习惯于求助医生,然而真正高明的医生,常常在人生病之前就对病人进行预防诊治,以避免疾病的发生。这种以预防疾病来实现养生的方式,是良医所持守的,也是需要每一个关注养生的人在日常生活中践行的。

以预防的方式养生,首先要求人们正确认识身体出现病症的根本原因,在理解机体发病缘由的基础上来预防身体出现病症。具体到人的行为实践中,则要求人们在日常生活中注意身心养护与调节。

《淮南子》中认为,人的身体出现病症,是因为正气有损和邪气入侵。这就谈及有益的"正气"和有害的"邪气"。什么是邪气呢?古人认为,推崇滋味、沉溺于声色,喜怒无常,而没有节制的,这些都属于邪气。正气则与之相反。内在精神合于性情,外部行为合于道义,内外皆依循道理而动,内心不与外物相牵连,这样才能保守正气。邪气与正气互相危害,此消彼长。二者不能同时主导人的身体状况,人们必须选择树立一个,废弃另一个。圣人都选择抛弃贪欲,保持正气。人一旦被邪气主导,就会身心俱损,人也会因此生出疾病。

在知晓疾病发生的缘由之后,人们就应该明白,预防疾病需要在日常生活中持守正气,同时,抛弃、遏制邪气对人的侵扰。具体表现为日常饮食、适当休息与精神调养等方面。

《淮南子》中认为,预防养生应从日常饮食之处多加注意。谨记:

> 渴而饮水非不快也,饥而大飧非不赡也,然而弗为者,害于性也。(《诠言训》)

这里提醒人们,即使再渴也不能喝生水,再饿也不能大吃。正常情况下,喝水能快速消解口渴,让人走出身体不适的状态。同样,饥饿的时候饱餐一顿正是人们所希冀的。然而,真正善于养生的人却不这么做。在他们看来,喝生水、大吃是对身体适当饮食规律的悖逆。现代科学养生知识也指出,生水能解渴但不能保证解渴之后的其他病症;饱餐可充饥,饮食过量却有害于人的消化系统;所以,这二者都是不可取的。《淮南子》的作者认为,生水和饱餐会危害人的身体本性,现代科学养生观念中,喝生水和暴饮暴食都对人的机体健康有损,二者对饮食与身体保养关系的内在认知是一致的。

《淮南子》中指出,人的身体与精神都不能持续劳累,适当的休息可以保养身心,预防人的生命劳损与枯竭。

> 形劳而不休则蹶,精用而不已则竭。(《精神训》)

人在身体劳累的时候应当休息,如果坚持不休息,继续使形体劳顿,那么身体就会僵硬,形体生命会走向昏死状态。生命固然不能避免辛劳,但劳逸结合,适当的休息是维系生命机体可持续发展的必要条件。同样,如果精神持续用于操劳外物,那么人的精神就会走向枯竭,走向精力使用的尽头,而精神的适当停用、休憩,则可以避免枯竭,所以,以预防的方式养生,不仅要借助饮食休息,还有赖于精神层面的适度调节。

　　以上所说,都是对养生的理想化要求。现实中的人们,往往容易受到外在名利牵引,把"重利"看作生活的常态。人在"重利"观念的驱使下萌生私欲,内心受到利欲侵扰而难以保持精神平和,精神不平的人,则与养生背道而驰。由此可见,"重利"之中隐含"轻生","重利"的人尤其不善于养生。在这种现实情况之下,善于养生的人会怎么做呢?《淮南子》的作者以一则故事来加以说明。有中山公子和詹子二人,中山公子困惑的是,自己身在江湖,心却在朝廷。詹子告诉他,应该选择"重生轻利"。中山公子自己也明白这个道理,他拼命压制自己的欲望,以求保持自身的精和之气。然而,欲望却始终难以压制,出现了"犹不能自胜"的情况。此时,詹子从养生的全局出发,指出过分压制欲望并非良策,不如选择适当顺从。因为在他看来,过分克制欲望会伤害到人的精神、情志,不利于人的长寿。反之,适当听从精神的诉求,对于涵养精神,保持内在的精和之气是有益的。这则故事意在表明,持守精神清静平和是圣人能达到的理想状态,对于常人来说,就算明白其中道理也难以真正彻底摒弃私欲。这时候,过度地压制内心欲求,只会使人的内在精神产生怨念,反而无益于养生。

为了普及预防养生的观念,《淮南子》的作者告诫世人:

> 虽富贵,不以养伤身;虽贫贱,不以利累形。(《道应训》)

刘安等人看到,世俗众人向往并追求富贵,不希望处身贫贱之中,是因为身处富贵可以满足自己对财富、地位、物质等方面的欲求。但是,一个人如果处在贫贱中,为利益奔波,拖累自己的形体,这有悖于养生。同样,当一个人处在富贵之中,一味用财富伤害自己的身体,这也是有悖于养生的。总之,保持良好的精神状态,保持内心的平静、淡然,这是常人预防身体与精神疾病的必要方式。

## 2. 药物养生

现代社会,用药物方式去除病症、保养身体,属于医学的范畴。先秦两汉时期,社会上虽没有发展出不同学科知识的分类体系,但当时流传的很多医学知识被记录于思想典籍之中,这些思想典籍中保留下来的医理医案,既是阐发思想哲理的载体,也是记载古代医学知识的重要史料。《淮南子》中虽然没有专门探讨医学问题的篇章,但涉及了许多药物、药材、病症与养生的关系问题,值得后人探讨。

《淮南子》中认为,人一旦出现病症就应该积极治疗,直言:

> 割痤疽非不痛也，饮毒药非不苦也，然而为之者，便于身也。（《诠言训》）

意思是说，生命健康出现问题就应该采取适当措施，痤疽该割掉就割掉，治病的药物该服用就服用，没有什么好犹豫的，一切以有利于身体健康为目的。

通过药物来保养身体健康，就要正确认识药物的治病效能。尤其是一些含剧毒的药物，它们虽然含有害人的毒性，但适当利用也可以治病救人。《淮南子》指出，一些药物的毒性虽大，但并不能因其毒性就避而不用，它们同样可以用来救人，如，鸡毒、天雄。

《淮南子》指出，出现病症，应该对症用药。

> 夫梣木色青翳，而羸瘉蜗睆，此皆治目之药也。人无故求此物者，必有蔽其明者。（《俶真训》）

梣木可以用来治疗眼疾，但眼睛没有疾病的人用它就可能会失明，所以，药物应该对症而用，而非盲目使用。

同样，健骨与生肌的药物不能混用，否则难以实现治病功效。这种混用药的行为，也会被理解为失去常理。狸猫的头可以治疗鼠瘘；鸡头能治愈恶疮；牛虻可以消散积血；啄木鸟可以治疗龋齿。

用药物来养生的思想，表现了《淮南子》的作者们对医药学知识的关注。刘安等人把医药学知识纳入养生范畴，表现了《淮南子》中综合、广博的养生知识体系。

(3) 精神养护

现实中的人们往往把形体养护视为养生的主要方面,而那些可以满足形体所需的美好衣食,则成为人们绞尽脑汁所追逐的东西。《淮南子》中对这种养生方式进行了批判。认为:

> 治身,太上养神,其次养形……神清志平,百节皆宁,养生之本也;肥肌肤,充肠腹,供嗜欲,养生之末也。(《泰族训》)

意思是说,修身最重要的是精神层面,其次才是形体。作者把衣食看作养生中细枝末节的东西,认为对衣食的执著潜藏着对精神的扰乱与扭曲,有损于人的精神养护。殊不知,人在精神层面的修治、涵养,才是养生的根本所在。

对此,《淮南子》的作者列举了一个以外物养生的例子:

> 凡人之所以生者,衣与食也。今囚之冥室之中,虽养之以刍豢,衣之以绮绣,不能乐也。(《泰族训》)

这里建构了一个情境,说的是把一个人囚禁在暗室之中,每天给他提供美味佳肴、锦绣服饰,他也无法感到快乐。究其原因,是因为衣食等外物,并不是让他真正开怀而乐的东西。然而,现实中的人们却格外看重它们,把它们视为养生的主要所需之物。作者通过举例意在说明,世俗之人把养生看得过于狭隘,忽视了精神层面的喜乐,而精神才是更值得人们费心养护的。

借助圣人来表达推崇的思想理念,是古人常用的问题阐述方式,同样,《淮南子》中也借圣人的言行和态度,来反复申述精神养生重于形体养生,圣贤之人是不会用这些养生的外物来妨碍自己修养德性的。

《淮南子》的作者认为,真正懂得养生之道的人是这样的:

> 达至道者则不然,理情性,治心术;养以和,持以适;乐道而忘贱,安德而忘贫;性有不欲,无欲而不得,心有不乐,无乐而不为;无益于情者不以累德,不便于性者不以滑和。(《精神训》)

真正懂得修养精神的人,他们往往善于修治、调节自己的内心,用和气来涵养性情,用适宜有度的方式持守自身。他们喜爱道术而忘却卑贱,安于德性而忘却贫穷。他们持守虚静本性而无欲求,有了愿望也能自然实现。他们往往内心平和,没有喜好,有了喜好也一定能够得到。那些对真情本性无益的东西,绝不让它们损伤自己的品德;那些对人的本性不适宜的东西,绝不让它们扰乱内心的平和。

可见,懂得修养精神的人,非常注重维护自己的本心、真情。他们内心平和、持虚守静,不让私欲扰乱自己的本性。同时,那些身心真正需要的适宜欲求,也都会自然而然地实现。

# 第四章 《淮南子》中的科学知识

先秦两汉时期流传下来的科学知识典籍并不多见。后人想要了解当时的科学发展状况，往往要依赖其他思想典籍。前面我们提到，《淮南子》的作者是围绕在淮南王刘安周围的汉初知识分子群体。这些作者大多出身于社会中下层，相比于统治阶级，他们与社会底层民众的距离更为接近，对围绕普通百姓农耕活动的农业知识、天象规律、地理地形等方面的智慧更为熟悉。再加上作者人数众多，为网罗与总结当时流传于民众之中的智慧提供了便利。这就使得《淮南子》在阐述问题、阐发思想的过程中，涉及了诸多农业、天文、化学、地理等方面的知识。因此，我们要了解汉初科学的发展状况，就必然无法绕过《淮南子》。

## 一 农 业

数千年来，中国持续发展农业，不同时期的统治者都将发展农业作为国家治理的重要方面。思想家们在评判统治者的功绩时，也时常将其在农业发展方面的举措作为重要的考量方面。社会上下通常对那些推进农业发展的历史人物与治国举措，持肯定与赞赏的态度。《淮南子》涉及了大量当时农业发展方面的相关知识,同时,作者通过相关故事和哲理化的表述,把优秀的统治者与积极维护农业发展的治国举措相联系。

## 1. 肯定推动农业发展的历史人物

现代考古科学发现,早在新石器时期,中国已经开始发展农业,但当时,社会上尚未形成系统的语言文字体系,后世对文字出现之前的历史相关记载,以神话传说为主。

《淮南子》中借助了一些早期人物的神话故事,来表明其对农业发展的重视态度。例如,神农的神话典故:

> 古者民茹草饮水,采树木之实,食蠃蚌之肉,时多疾病、毒伤之害,于是神农乃始教民播种五谷,相土地宜燥湿肥硗高下,尝百草之滋味,水泉之甘苦,令民知所辟就。(《修务训》)

在神话故事与上古传说中,神农教人们从事农业生产,使人们学会了务农方法与合理利用土地的方式。农作物的出现,使人们的饮食不再局限于野草、野果、生水、生肉,免于遭受不当饮食引起的生病或中毒。

《淮南子》中指出,在神农统治天下时,农业以顺应农时、规律的方式发展。

> 昔者神农之治天下也……甘雨时降,五谷蕃植,春生夏

> 长,秋收冬藏。月省时考,岁终献功,以时尝谷,祀于明堂……其民朴重端悫,不纷争而财足。(《主术训》)

《淮南子》肯定了神农的功绩,肯定他积极拓展农业用地,肯定他治下的农业发展顺应时节,肯定他按时节考察农情,按时品尝新谷,使百姓都有充足的财物。百姓物资充足,就不以纷争的方式互相抢夺。神农的做法推动社会上下一致持守端正、朴实之风,社会呈现一片安定、富足之状。这里通过神农时期的例子,将农业发展与社会治理相联系,认为农业的合宜化发展,与社会稳定、百姓富足,具有内在的一致性。

百姓务农容易受到水灾、旱灾的影响,这是农业社会经常会面临的问题。对于现代人而言,应对这些不定期出现的自然灾害,人们需要不断提升农业灾害应对能力。古人则不同,他们受限于当时的农业认知与科学发展水平,应对灾难的主要方式是客观地依顺于天道使然。同时,他们在遇到农业灾害时,格外关注统治者对百姓的态度。

> 忧寻不在民,则是绝民之系也。(《缪称训》)

认为在百姓遇到灾难时,如果统治者的忧虑不在百姓身上,这就是在断绝自己与百姓的联系,切断社会稳定的根基。对此,《淮南子》中高度肯定了那些忧心农民生计、支持农事发展的统治者。这里以商汤求雨为例:

汤之时,七年旱,以身祷于桑林之际,而四海之云凑,千里之雨至。抱质效诚,感动天地。(《主术训》)

意思是说,商汤时期发生了连续七年的旱灾,汤亲自赶到远在东方的桑林之地去祈祷求雨。最终,使四海的云层聚集起来,千里之外的雨水降落下来。七年旱灾,这显然严重阻碍了百姓的基本农事活动。这时,作为统治者的汤,及时体察到百姓对雨水的强烈渴求,亲自去求雨,终于以其对百姓的诚挚之心感动了天地,使千里之外的雨水降落下来。

故事中,汤的求雨行为是对农民、农事发展需求的顺应,其行为表明汤对百姓农业生产的重视和支持。这里七年干旱的故事背景,意在凸显农民对雨水的强烈渴求,商汤的行为背后则是对百姓需求的躬亲回应。汤的这一实践支持,构成《淮南子》中对理想统治者的行为构想。

召公在桑蚕和春播的农事繁忙季节,放出关押在监狱的犯人,使百姓都能返回去修治农业,以保障家中人口的物质需求。召公在适宜的时机,做了合宜的事情。《淮南子》的作者认为,召公的做法正是圣人的行事方式,也是统治者应该效仿的典范。

## 2. 农业实践的相关知识

古人在农业实践的过程中,总结出大量的农业相关知识,这些农业知识作为理论智慧,推动并影响着农业的持续发展。农业知识作为古人的知识财富,在许多历史典籍中都有提及。《淮南子》把农业看作社会民生发展的重要方面,内中涉及了丰富的农耕种植知识,引导人们在不同的地域、季节、降水等条件下,从事适于农耕发展的农业活动。关于《淮南子》中的农业实践相关知识,现总结为以下几个方面:

首先,农作物生长,离不开适宜的自然条件。

其次,种植庄稼固然有赖于自然条件,但也不能只依赖自然,务农之人的辛勤劳作同样必不可少。

再次,种植作物要选择合适的土壤环境,不同类型的土地适宜种植不同的植物。麻类、麦类、豆类、谷类、黍类、竹子、稻子等农作物,只有在适合自己的水土上才能生长得好。例如,稻子生长在水中,但不能生长在急流之中;紫芝生长在高山之上,但不能生长在磐石之上。

同样,肥田、瘦土、高地、洼地,应该分别种植适宜的植物。至于那些不适合五谷生长的丘陵高坡,可以在那里种植竹木。在肯定农作物需要因地种植之外,作者进一步指出,疏松的土壤有利于植物生长,土壤质地板结则对农作物生长不利。

可以看出,《淮南子》中的农业知识,一方面,坚持以土地特征与农作物品类相适应的方式发展农业。另一方面,认为通过自然条件与人为劳作两个方面的同步推进,人们才能真正在适宜的时间、适宜的土地上收获农业的硕果。这些农业知识,是古人在长期的农业实践中积累、总结而来的,其中许多内容都能经得住实践的考验,在现代农业知识体系中同样具有普适价值。

## 二 天　文

古人在农业实践的过程中,通过观察、分析与总结四季变化的规律和天象特征,得出了许多天文学方面的相关知识,这些知识对于推动农业发展具有重要的指导价值。《天文训》是《淮南子》中关于天文学知识的独立篇章,内中涉及的部分天文学知识代表了西汉自然科学发展的最高水准,其中记载的一些天文学知识一直沿用至今。

## 1. 首次对二十四节气进行完整、科学的记载

在中国历史典籍中,《天文训》中首次对二十四节气进行了完整的、科学的记载,并一直沿用至今。《淮南子》中把北斗的运行作为划分二十四节气的参照,指出:"两维之间,九十一度十六分度之五,而斗日行一度,十五日为一节,以生二十四时之变。"意思是说,两维之间是 91 5/16 度,北斗每天运行一度,十五天就是一个节气,运行一年的周期就产生了二十四个节气的变化。二十四节气分别是:

> 斗指子,则冬至,音比黄钟。加十五日指癸,则小寒,音比应钟。加十五日指丑,则大寒,音比无射。……(《天文训》)

我们今天所熟知的二十四节气,就是这里总结到的冬至、小寒、大寒、立春、雨水、惊蛰、春分、清明、谷雨、立夏、小满、芒种、夏至、小暑、大暑、立秋、处暑、白露、秋分、寒露、霜降、立冬、小雪、大雪。二十四节气中,有表明季节的夏至冬至、立春立秋和春分秋分;有表明不同气候的大寒小寒、大暑小暑;有表明降水

时间的雨水谷雨、小雪大雪;有表明动植物活动的惊蛰、清明;有表明庄稼耕作时间的小满、芒种。它们作为对一年中自然物候变化所做的规律性测定与总结,是中国古代农业实践活动下的智慧产物。农业实践的需求推动古人观察与总结自然变化规律,而二十四节气的完整定型,构成中国农业科学中的文化财富。时至今日,《淮南子》中最早完整记载的二十四节气,仍然在用于指导人们的实践活动。

## 2. 二十八星宿以及其对应的地域方位

《淮南子》中对二十八星宿有详细的记载,其中提到:

> 太阴在四仲,则岁星行三宿。太阴在四钩,则岁星行二宿。二八十六,三四十二,故十二岁而行二十八宿。(《天文训》)

太阴是古人假设的星名,也称太岁、岁阴。古人认为,太阴处在卯、酉、子、午四种位置的时候岁星行三宿,太阴在丑寅、辰巳、未申、戌亥四处的时候,岁星行二宿。这样,二宿乘以八辰是十六宿,三宿乘以四辰是十二宿。二者相加,为十二岁行二十八宿。

《淮南子》中记录了二十八宿与赤道夹角的不同度数:

> 星分度:角十二,亢九,氐十五,房五,心五……(《天文训》)

此外,《淮南子》中把天上的二十八宿与地上的各个国家相对应、联系,认为:

> 星部地名:角、亢,郑;氐、房、心,宋;尾、箕,燕;斗、牵牛,越;须女,吴;虚、危,齐;营室、东壁,卫;奎、娄,鲁;胃、昴、毕,魏;觜觿、参,赵;东井、舆鬼,秦;柳、七星、张,周;翼、轸,楚。(《天文训》)

二十八宿代表了汉初天文学家对日、月、五星等星体运行在方位与规律方面的认识与总结。这对于人们探索四季规律和总结二十四节气变化具有参照意义,同时,也对农业科学和天文学的发展具有重要推动作用。

### 3. 确定东南西北方向的方法与测量其距离的方式

《淮南子》中介绍了古代以圭表确定东西方向、南北距离,测量日远及天高的方法。圭表是测量日影的仪器。圭是平卧的尺,表是直立的标竿。用于测量时,表放在圭的南端或北端,与圭垂直。《淮南子》中对这种具体的测量方法进行了详细描述:

> 正朝夕:先树一表东方,操一表却去前表十步,以参望,日始出北廉,日直入。又树一表于东方,因西方之表以参望。日方入北廉,则定东方。两表之中,与西方之表,则东西之正也。日冬至,日出东南维,入西南维。至春、秋分,日出东中,入西中;夏至,出东北维,入西北维,至则正

南。……

一直以来,空间和时间都是天文学中致力观测和研究的对象,人们在长期天文观测的基础上积累出对空间和时间的丰富认知。《淮南子》里的这段记录,反映了汉代天文观测技术及其使用的方式方法,是关于古人探索天文科学的重要文献记载。

## 三　地　理

地理学是人类最古老的学问之一,伴随着早期人类对地面问题的观察和认知而出现。早在《淮南子》之前,历史上就已经出现了《尚书·禹贡》及《山海经》等地理学方面的相关著作,积累了丰富的地理学知识。《淮南子》吸收了前人的地理学成果,著有独立的篇章《地形训》,来阐述当时地理科学的相关知识。《地形训》涉及自然地理、人文地理、经济地理等方面的知识,是中国古代重要的地理学文献,具有丰富的史料价值。

**1. 自然地理**

现代自然地理科学的主要研究对象是自然地理环境,涉及其组成、结构、生态、人文等方面的综合知识。通过《地形训》可以看出,汉初的自然地理知识显然不如现代广博,其中主要是关于地貌形态、地域方位、疆域分布,以及山川、泽湖、植被等自然地理知识的分类与记述。

九州属于先秦时期的一种地域概念,据说是战国时期邹衍所提出的。《史记·孟子荀卿列传》中提到:"以为儒者所谓中国者,于天下乃八十一分居其一分耳""中国外如赤县神州者九,乃所谓九州也。"从孟子的言语中可以看出,早期儒家也认同天下九州的说法。《淮南子》的作者继承了前人的九州说,从宏观视域描述了九州大地的地理地势。

> 何谓九州?东南神州曰农土,正南次州曰沃土,西南戎州曰滔土,正西弇州曰并土,正中冀州曰中土,西北台州曰肥土,正北泲州曰成土,东北薄州曰隐土,正东阳州曰申土。

《地形训》中指出,虽然九州大地地域广博,但九州的范围并非大地的全部区域,认为在九州之外有"八殥","八殥"之外有"八纮","八纮"之外有"八极"。

《淮南子》中对地理范围的认知突破了前人的狭隘视域,认为天地之间的地域广阔,远非人们经验习惯所能把握。认为在人们生活的九州、中原大地之外,仍有很大的地理空间。虽然,因为早期交通工具与活动范围所限,人们尚未知悉远处的具体情况,但这并不妨碍人们在脑中构想其存在的可能性。作者同时也指出,九州与其之外的区域同处于天地间,它们对"天"与"地"的概念是共享的。根据同一地域中事物间的关联性,认为九州之外的云气、雨水、寒暑、风向与风力都会影响到九州大地上的自然风雨变化。这是秦汉时期区域地理概念的反映,也是道家整体思维和对立统一的理念在地理认识中的反映。

此外,《淮南子》中记载了比较完整的中国古代地形蓝图,明确提到了我国境内的九山、九塞、九薮、六水和一些水道。

记载的九山：

何谓九山？会稽、泰山、王屋、首山、太华、岐山、太行、羊肠、孟门。

记载的九塞：

何谓九塞？曰：太汾、渑阨、荆阮、方城、殽阪、井陉、令疵、句注、居庸。

记载的九薮：

何谓九薮？曰：越之具区，楚之云梦，秦之阳纡，晋之大陆，郑之圃田，宋之孟诸，齐之海隅，赵之钜鹿，燕之昭余。

记载的六水：

何谓六水？曰：河水、赤水、辽水、黑水、江水、淮水。

记载了发源于昆仑山的四条大河：

河水出昆仑东北陬，贯渤海，入禹所导积石山。赤水出其东南陬，西南注南海。丹泽之东，赤水之东，弱水出自穷石,至于合黎,余波入于流沙。绝流沙,南至南海。洋水出其西北陬,入于南海羽民之南。凡四水者,帝之神泉,以和百药,以润万物。

记载了境内的一些重要水道:江出岷山,东流绝汉入海……《地形训》中的这些自然地理知识,对于古代地理知识的考证和研究具有重要的史料价值。

## 2. 经济地理

经济地理是把人类的经济活动和地域系统相关联的地理学分支。古人为了发展生产与改善生活水平,在实践中注重观察与记述不同区域的地理位置、地理环境及当地物产,在此基础上,逐渐积累出了早期的经济地理知识。

《淮南子》围绕东、南、西、北、中五个不同的地理区域,分别记述了其不同类别的气候特征与宜于生长的植物与动物。

> 东方川谷之所注,日月之所出……其地宜麦,多虎豹。
> 南方,阳气之所积,暑湿居之……其地宜稻,多兕象。
> 西方高土,川谷出焉,日月入焉……其地宜黍,多旄犀。
> 北方幽晦不明,天之所闭也,寒水之所积也,蛰虫之所伏也……其地宜菽,多犬马。
> 中央四达,风气之所通,雨露之所会也……其地宜禾,多牛羊及六畜。

《地形训》中同时也记载了不同地理区域所分布的特色物产：

> 东方之美者,有医无闾之珣玕琪焉。东南方之美者,有会稽之竹箭焉。南方之美者,有梁山之犀象焉。西南方之美者,有华山之金石焉。西方之美者,有霍山之珠玉焉。西北方之美者,有昆仑之球琳、琅玕焉。北方之美者,有幽都之筋角焉。东北方之美者,有斥山之文皮焉。中央之美者,有岱岳以生五谷桑麻,鱼盐出焉。

经济地理在汉朝时期有了显著的发展,在流传下来的汉朝典籍中,有很多都涉及了经济地理的相关知识。例如,司马迁在《史记·货殖列传》中记载了黄河流域和长江中下游地区的人口、经济、物产、贸易和城市。班固所著的《汉书》中包括《地理志》和《食货志》,记载了全国各地的山川、物产、户口、城邑、田制、赋役、仓储、漕运、农业、牧业、手工业、采矿业和市场等。司马迁与班固笔下的经济地理知识总结,与汉朝几百年的稳定发展有关,同时也离不开历史早期的相关记载,而《淮南子·地形训》则是汉初经济地理发展成果的重要总结。

### 3. 人文地理

人文地理通常围绕人类的社会、政治、文化现象与地域结构思考人地关系。秦汉时期是地理知识的积累期,对地理信息的记载以片段化记述为主,在地理知识相关总结和积累的基础上,出现了关于人地关系的思考与论述。

其实,先秦时期流传下来的很多古籍中,就已经出现了关于人地关系的知识。《礼记·王制》提到:"广谷大川异制,民生其间者异俗。"指出深谷和大川里生活的人们,其制度、风俗并不相同。这种从地理差异延伸到人文差异的人文认知,在一定程度上带有地理环境决定论的价值取向。《孟子·公孙丑下》中指出:"天时不如地利,地利不如人和。"东汉时期王充的《论衡·明雩》篇中提到:"夫人不能以行感天,天亦不能随行而应人。"这一观点是在天人感应的思想背景下提出来的,主张人、地各有规律,反对把人与地的关系作出绝对化的关联。

与这些地理方面的认识相比,《淮南子》中的人文地理内容更为丰富。《地形训》中涉及了不同地理环境中人的不同外形、饮食和习俗等内容,其中对人文与地理的分类与联系更接近现代地理科学的逻辑。

《地形训》中认为人的长相与地理相关,并进一步指出东南西北中五个地理方位中生活着外形迥然不同的人:东方人"兑形小头,隆鼻大口,鸢肩企行"。南方人"修形兑上,大口决眦"。西方人"面末偻,修颈卬行"。北方人"翕形短颈,大肩下尻"。中央之地的人"大面短颐,美须恶肥"。

《地形训》中认为,不同地域的人们,其外形各异,这与其所在地的不同土质滋养有关。

> 是故坚土人刚,弱土人肥;垆土人大,沙土人细;息土人美,耗土人丑。

可以看出,这里把土地坚硬程度与人的性格坚强与否相联系,把黑土、沙土与人的高大与否相关联,把土地肥沃程度与人的相貌美丑相对应。

《地形训》中还提到了,不同地理环境与当地人的性别、疾病、寿命、品性、声音、体重等相关联:

> 土地各以其类生。是故山气多男,泽气多女;障气多喑,风气多聋;林气多癃,木气多伛;岸下气多肿,石气多力,险阻气多瘿;暑气多夭,寒气多寿;谷气多痹,丘气多狂;衍气多仁,陵气多贪。轻土多利,重土多迟;清水音小,浊水音大;湍水人轻,迟水人重,中土多圣人。皆象其气,皆应其类。

关于古人研究地理问题的原因,《要略》中指出古人研究地理,其最终的落脚点在于"人",是为了拓宽人们对生活在不同地域上的所有人的认识。

总而言之,《淮南子》强调地理环境对人类生存与发展的重要性。认为地理环境为人们提供了生存的条件,同时,不同的地理环境造就了不同的自然风貌与风土人情,也决定了人们不同的生理和心理特征。这种人地对应的关系,潜藏着不可违逆的自然规律,对此规律的认知,是在天人对应关系的认知影响下推动形成的。古人对地理知识和人的发展问题的阐述与思考,仍然值得我们现代人不断学习与反思。

## 四 化 学

中国历史上的炼丹术,是世界上记载最早的化学知识,这已经成为公认的事实。《淮南子》中记载了不少化学物质及其反应。经后人考证,这些化学物质中,有许多都是现代化学中的常见物质。同时,其中描述到的一些化学反应,也具有现实科学性。

《淮南子》的作者在描述二十四节气中夏至的物候现象时,提到了一些矿物质的变化现象。如,硫黄、石精:

> 日夏至而流黄泽,石精出,蝉始鸣,半夏生。(《天文训》)

在描述地形时,提到了一些地域所属的矿物质。如,磁石、云母:

> 磁石上飞,云母来水。(《地形训》)

《淮南子》的作者提到了炼丹、印染等方面的化学反应。例如,他们提到了化学染料涅、蓝、青:

> 今以涅染缁,则黑于涅;以蓝染青,则青于蓝。涅非缁也,青非蓝也,兹虽遇其母,而无能复化已。是何则?以谕

其转而益薄也。(《俶真训》)

涅,是一种矿石名,古代用作黑色染料。蓝,指蓼蓝,是一种草本植物,叶子可以提取出蓝色染料。青,指靛青,是一种蓝色的化学染料。

这里不仅记载了早期的染料名称、颜色区别,也解释了这些化学染料在染色过程中经过转化,变得更加稀薄,同时,这种转化是不能反复还原的。

书中提到了磷的自燃现象:

老槐生火,久血为燐。(《氾论训》)

这里前半句指,槐树的老枯树枝会在一定的条件下自燃。后半句是说,人死之后血气渗入地下,经过草木生化会形成磷火。这里提到的磷火是磷的自燃现象,属于物质的化学反应。

还提到了炼丹过程中的物质变化:

铅之与丹,异类殊色,而可以为丹者,得其数也。(《人间训》)

古代道家用各种金石矿物进行炼制,在炼制过程中发生化学反应,可以转化为一种丹,被用作养生的药物。

此外,也有一些化学物质性能方面的阐述:

若夫以火能焦木也,因使销金,则道行矣。若以磁石之能连铁也,而求其引瓦,则难以。(《览冥训》)

这里指出,火能够在适当的条件下释放能量把木头烧焦,利用火的这一化学反应原理,可以熔化金属。磁铁具有与铁相吸的特性,但如果用磁铁吸引瓦片,就行不通了。

其实,不论是化学染料、炼丹原料,还是其他化学物质,它们在发生化学反应的时候,自然是有物质间内在的变化规律与原理的。人们如果无法把握到这些物质变化的规律和原理,就不能使它们发生预想的变化。这表明,《淮南子》中对于化学物质

然当时的科学水平无法让人们探知其中要妙,但人们已经深信其变化具有一定的存在条件与规律特性。古人想要维护与坚守的,正是这些固有不变的规律知识。发现与总结生活现实中的规律,通过遵循规律来发展生产、指导实践,以避免不必要的弯路与损失,这是道家智慧关注规律本原的起点,也是其终点。

## 五 去 魅

在刘安生活的时代,人们对自然现象的认识缺乏科学的理论支撑和方法引导,所以,往往将一些无法解释的自然现象归结为未知的鬼神因素使然。在未知的鬼神面前,人只能通过规范自己的行为,来避免遭其迫害、干预。这种解读自然现象的方式,其过程主要是依靠人的想象,在精神认知层面对未知力量展

开猜测、构想;其目的在于,探求事物背后的合理性运作理路,并以此引导、规范人的实践活动。《淮南子》的作者摈弃了神秘主义的角度,站在唯物主义的视角,对一些常见的现象进行了解读。

首先,是对人类起源的思考。在古代中西方文化中,最早解读人类起源的文本载体是神话故事。例如,中国文化中有盘古开天辟地的神话,有女娲用泥土造人的传说;埃及神话中是拉神造人;希伯来文化中是上帝耶和华造人;希腊神话中有普罗米修斯创造人类的传说。在文明发展到一定阶段之后,人们才开始以朴素唯物的方式解读人的起源,认为人的产生源于宇宙自然因素的交互、滋养、创造和演化。

《淮南子》中对人类起源的认识,脱离了神话构想的早期传统,继承了先秦道家和阴阳家的朴素唯物观。《览冥训》中直言:"故至阴飂飂,至阳赫赫,两者交接成和而万物生焉。"认为天地间的人和万物,都是在阴阳二气的交互融合下产生的。与近代发展起来的进化论相比,这种认识背后的具体原理和论据显然不足。但是,它们的出现,代表了人们立足现实环境来思考现实问题的方向性转变。正是社会早期的唯物观视域转变,才为后来更为科学、完备的文化现象探索奠定了理论与方向基础。

其次,《淮南子》的作者站在唯物论立场,解释了许多常见现象。如不同环境下炭的轻重变化现象:

> 阳气为火,阴气为水。水胜,故夏至湿;火胜,故冬至燥。燥故炭轻,湿故炭重。(《天文训》)

这里从早期文化中的阴、阳二气及其属性出发,认为阳气可以化为火,阴气可以化为水。夏至潮湿是因为水气胜,冬至干燥则是因为火气胜。把炭分别放置于潮湿环境和干燥环境,其重量会出现不同的变化。原因在于,炭受到环境中水气的作用,在干燥的季节变轻,而在潮湿的季节则重。可见,作者通过把阴阳二气延伸到水和火的不同性质,及其对应的不同季节、环境,就解释了为什么同一块炭在不同的季节中轻重不同的问题。

当时的人们不具备用微小的水分子变化原理来研究物质属性的条件。但是,他们通过实践中的经验总结与反思,看到空气物质的重量。这种物理认知源于实践,是古人以朴素唯物智慧诠释物理现象的表现。

《淮南子》中以阴阳互动来解释雷电现象:

阴阳相薄为雷,激扬为电。(《地形训》)
疾雷破石,阴阳相薄。(《说林训》)

阴阳二气相互接触,自然而然产生雷,二者剧烈碰撞形成闪电。阴和阳在中国文化中具有唯物属性,阴阳的互动思维表现为典型的辩证思维。这里对雷电现象的解释,不是神话传说中的纯精神性构想,而是站在唯物观的视角来阐释。

对地震现象的客观解释:

臣非能动地,地固将动也。(《道应训》)

动地,指地震。这里明确指出,地震是自然现象,是大地本来自己要震动,而不是任何人为的因素使它震动。古人曾从天人感应的角度来认识地震,认为一旦人的行为违背天道,触怒了神秘的天神,上天就会用地震的方式来警告或者惩罚人类。《淮南子》中坚持地震与人无关的立场,认为地震是大地在其自然规律使然下的震动。《淮南子》时代的科学知识,尚未涉及引发地震的地球板块运动等问题,所以把它解释为地面自然而然发生的变化。总体而言,《淮南子》中对地震现象的认知逻辑,与现代社会对地震的科学认识思维相一致。这里对地震现象的智慧解读,表明当时人们已经对地震现象具有了一定的科学认识水平。

此外,《淮南子》中用唯物方式解释人的生病原因。针对人们把生病原因归结为鬼神因素,《淮南子》中指出:

> 夫户牖者,风气之所从往来;而风气者,阴阳相捔者也,离者必病,故托鬼神以申诫之也。(《氾论训》)

"捔"同"角",是竞力、争斗的意思。这段话的意思是说,人们生病与鬼神无关,而是因为风邪入侵。因为人们常年居住于有门窗的地方,门窗中常有风气往来流动,风气则是阴阳二气相互冲突所形成的。这样,阴阳二气相互冲突碰撞,流动于门窗之间,人时常活动于有门窗之处,不小心就会遭受风邪侵扰,从而出现体内阴阳二气冲突、不和,这样自然就会生病。

如果我们继续沿着《淮南子》中的逻辑进行推演,自然会得出这样的结论：预防疾病,不能侧重于敬畏鬼神,而是需要在日常生活中做好避免风邪入侵的措施;同样,治疗疾病,也不能一味求助于鬼神,而是应该致力于恢复人体内部的阴阳二气平衡。这里对疾病问题的认识,与现代中医学视域中的诊病思维,具有互通性。可以看出,《淮南子》中对疾病的认知,立足于人的日常生活起居,裹挟着科学理性的元素。

下 部

# 第五章 《原道训》选粹

## 一 全书的立论基础

《原道训》是《淮南子》的首篇,全篇围绕"道"与"原"阐发思想。本篇继承与延续了先秦道家的一些主要观念和思想,把"道"看作万物的本原和人的最高行为参照,指出,认识"道",既要了解它的形貌特征,也要了解它的运作规律。天道规律在人的行为实践中具有重要的现实指导意义,所以人的行为规律应该与"道"相合。此外,《原道训》中的思想理念蕴含浓厚的政治意蕴,时常把理想统治者的治国方式作为践行"道"的典范。整体而言,本篇所提到的"道"的形象、特征、规律,以及它对人的实践引导作用,共同奠定了《淮南子》全书的立论基础。

## 二　原文节选与释义

（一）夫道者，覆天载地，廓四方，柝八极；高不可际，深不可测；包裹天地，禀授无形；源流泉浡，冲而徐盈；混混滑滑，浊而徐清。故植之而塞于天地，横之而弥于四海，施之无穷而无所朝夕；舒之幎于六合，卷之不盈于一握。约而能张，幽而能明；弱而能强，柔而能刚；横四维而含阴阳，纮宇宙而章三光；甚淖而滒，甚纤而微；山以之高，渊以之深；兽以之走，鸟以之飞；日月以之明，星历以之行；麟以之游，凤以之翔。泰古二皇，得道之柄，立于中央；神与化游，以抚四方。

译文：道覆盖上天，承载大地，绵延扩展到四方八极之处。它的高度高于人所能抵达之处，它的深度超出人可探测之处。它不仅包容天地，也孕育万物，就像泉眼源源不断地流淌出泉水。泉眼虽然看似空虚，通过泉水可知其实则充盈，泉水在急速奔流的过程中澄清浑浊。因此，把它直立起来可以充满天地，把它横放则可以网罗四海。它使用起来无穷无尽，不受时间与空间的变化制约，舒展开可以充满天地之间，收卷起来却占据不满一个手掌。它在收拢之中舒展，在幽暗之中放光；在弱小中强盛，在柔弱中刚强；充满天地，包含阴阳，统率宇宙，使日月星辰闪耀光芒。它形质柔和、精微，山岳凭借它才能高耸，深渊凭借它才能深幽；野兽凭借它才能奔走，鸟类凭借它才能高飞；日月凭借它才能放出光辉，星辰凭借它才能规律运行；麒麟凭借它才能出游，凤凰凭借它才能翱翔。伏羲、神农这两位远古帝王，也是因为把握到了"道"的精要，所以才能在天地中央立身。他们的精神变动与自然万物变化相合，以此来安抚四方之民。

（二）是故大丈夫恬然无思，澹然无虑；以天为盖，以

所以，体道的人恬静而坦然，淡泊而无思虑；把天看作车盖，把地看作车

地为舆;四时为马,阴阳为御;乘云凌霄,与造化者俱;纵志舒节,以驰大区;可以步而步,可以骤而骤;令雨师洒道,使风伯塌尘;电以为鞭策,雷以为车轮;上游于霄雿之野,下出于无垠之门,刘览偏照,复守以全;经营四隅,还反于枢。故以天为盖,则无不覆也;以地为舆,则无不载也;四时为马,则无不使也;阴阳为御,则无不备也。

(三)人生而静,天之性也;感而后动,性之害也;物至而神应,知之动也;知与物接,而好憎生焉。好憎成形而智诱于外,不能反己,而天理灭矣。故达于道者,不以人易天;外与物化,而内不失其情。至无而供其求,时骋而要其宿;小大修短,各有其具;万物之至,腾踊肴乱而不失其数。

子,把四季看作良马,把阴阳看作御手,乘着白云直上九霄,与天地自然共生。放开思绪,舒缓心性,驰骋于太虚。可以缓步前行就缓步,可以急速飞奔就疾驰。命令雨神清洒道路,召唤风神清扫尘土,把电作为鞭策,把雷作为车轮。向上在虚空渺茫的区域漫游,向下出入于没有边际的大门;浏览关照的视域广阔,依旧可以保持全部的纯真;周游四方,依旧可以返回"道"的中枢。因此,把天看作车盖,就没有它所不能覆盖的;把地看作车子,就没有它所不能装载的;把四季看作车马,就没有不听它使唤的;把阴阳看作御手,就没有它不能备齐的。

人天生安静,这是人的天性本然。受到外物感化之后触动情欲,这是使本性损害的表现。外物引发精神层面的感应,这是人的智慧和思虑的活动。智慧与思虑同外物相接触,就会产生好恶和爱憎的情愫。好恶与爱憎之情显现之后,人的智慧和思虑就会受到外物的惑乱,无法再返回本性,人的天性因此而泯灭。所以,通达于道的人不会因为私欲来改变本然的天性,就算外在随物变化也不会丧失内心的本然之性。道是虚无至极的,却能向万物提供满足它们的任何需求,它时刻处于变化之中,却能让万物返还本性。道可长可短、可大可小,具备应对万物的所有能力。当万物纷乱涌现的时候,它都能有序应对,不失法度。

（四）是故达于道者，反于清净；究于物者，终于无为。以恬养性，以漠处神，则入于天门。所谓天者，纯粹朴素，质直皓白，未始有也杂糅者也。所谓人者，偶嵯智故，曲巧伪诈，所以俛仰于世人而与俗交者也。故牛歧蹄而戴角，马被髦而全足者，天也。络马之口，穿牛之鼻者，人也。循天者，与道游者也；随人者，与俗交者也。夫井鱼不可与语大，拘于隘也；夏虫不可与语寒，笃于时也；曲士不可与语至道，拘于俗，束于教也。故圣人不以人滑天，不以欲乱情，不谋而当，不言而信，不虑而得，不为而成，精通于灵府，与造化者为人。

（五）故得道者，志弱而事强，心虚而应当。所谓志弱而事强者，柔毳安静，藏于不敢，行于不能；恬然无虑，

所以，通达于道的人，是可以返回清静本性的；探究事物至理的人，终归要安顺于自然无为。用恬静的方式涵养本性，用淡漠的方式培育精神，就能进入本性的天然境界。所谓的天然，是纯粹的、朴素的，它的质地纯真洁白，没有杂糅进去其他东西。所谓的人为，是相互抵制、虚伪欺诈的，用智巧、欺诈歪曲事情，所以在世人和世俗中间沉浮交接。所以，牛蹄分开，且头上长犄角，马脖颈有髦，且马蹄整全，这些都是天性本然的样子。给马嘴上嚼子，在牛鼻子上穿孔，这些都是人为造成的。遵循天然本性，是与道相往来的人；追随人为的，是与世俗相交接的人。无法和井中的鱼谈论大海，因为它们受到井中狭隘的环境限制；无法和夏天的虫子谈论寒冬，因为它们受到季节认知的限制；无法和见识短浅的人谈论大道，因为他们拘泥于世俗教化的约束。因此，圣人不用人为的方式去扰乱天然，不用私欲惑乱本性，不用谋划就能处事恰当，不用劝说就能使人相信，不用思虑就能得心应手，不用刻意作为就能成就事业，他们的精神与心灵互通，与大道相伴相存。

所以，得道的人，看似意念柔弱却处事刚强，内心虚空却处事得当。所谓意念柔弱却处事刚强，是说用柔弱虚静的方式，使自身藏在不敢作为中，表现在行为中就是不作为。恬静没有

动不失时;与万物回周旋转,不为先唱,感而应之。

（六）天下之物,莫柔弱于水,然而大不可极,深不可测;修极于无穷,远沦于无涯;息耗减益,通于不訾;上天则为雨露,下地则为润泽;万物弗得不生,百事不得不成;大包群生,而无好憎;泽及蚑蛲,而不求报;富赡天下而不既,德施百姓而不费;行而不可得穷极也,微则不可得把握也;击之无创,刺之不伤;斩之不断,焚之不然,淖溺流遁,错缪相纷,而不可靡散;利贯金石,强济天下;动溶无形之域,而翱翔忽区之上,遭回川谷之间,而滔腾大荒之野;有余不足与天地取与,授万物而无所前后。是故无所私而无所公,靡滥振荡,与天地鸿洞;无所左而无所右,蟠委错紾,与万物始

思虑,行动不失时机,和万物一起变化周旋,不擅自首先倡导,而是感应万物,并随时应和。

天下万物中没有比水更柔弱的,然而它大到没有边际,深到不可测量,长度延伸到无穷之处,到边远无涯的地方。它的生息、损耗、减损、增益,都无法计量。它蒸发到天上成为雨露,下落到地上成为万物的润泽;万物得不到它就无法生存,万事不依从于它就无法成长,它最大限度地包容万物,自己没有好憎之情;它的德泽及于微小的虫子,却不求回报;它使天下富足,供给取之不尽,德泽广施百姓却不会有损于己;它流动到无穷无尽的地方,微小到难以用手握住;击打不会有创伤,刺入不会伤到它;砍它砍不断,烧它无法使它点燃,它柔弱地流动,水流错杂纷乱却不会离散;它锋利到可以穿透金石,强大到可以兼济天下;它荡漾翱翔在任何无形无象之处,在山川和峡谷之间徘徊,在广阔无垠之野奔腾。它的多少都取于天地,恩泽广施万物而不分先后。所以它没有公私的区别,水流浩浩荡荡地与天地相融通;没有左右的区别,盘旋交错地与万物同始同终。这就是水的最高德性。水的德性之所以能够成为天下最高的德性,是因为它柔软润滑。所以,老子说:"天下最柔弱的东西,可以在天下最坚强的东西间驰骋。它出没于无有之处,我正是从其中知道无为是有益的道理。"

终。是谓至德。夫水所以能成其至德于天下者，以其淖溺润滑也，故老聃之言曰："天下至柔，驰骋天下之至坚。出于无有，入于无间。吾是以知无为之有益。"

（七）夫形者，生之舍也；气者，生之充也；神者，生之制也。一失位则三者伤矣。是故圣人使人各处其位、守其职而不得相干也。故夫形者非其所安也而处之则废，气不当其所充而用之则泄，神非其所宜而行之则昧，此三者，不可不慎守也。

（八）夫有天下者，岂必摄权持势，操杀生之柄，而以行其号令邪？吾所谓有天下者，非谓此也，自得而已；自得则天下亦得我矣。吾与天下相得，则常相有，己又焉有不得容其间者乎？所谓自得者，全其身者也；全其身，则与道为一矣。

形体是生命的躯壳，精气是使生命充实者，精神是生命的主宰。一个不在其位就会使三者都受到伤害。所以，圣人让人们各自都处于适当的位置上，安守自己的职事，不互相干预。所以，形体不安居于合适的位置就会使自身遭到损害；精气尚不充盈的时候就加以使用，会使精气外漏；精神没有处于合适的位置就运用它，会使其受到蒙蔽。这三点不能不谨慎地持守。

拥有天下的人，难道必定是执掌权势，手握杀生权柄，依靠它们发号施令吗？我所说的拥有天下的人，并不是这样，是能够自得的。人能自得，然后在得到天下的同时能得到自我。自我和天下同时相得相融，二者就会常有，自己又怎么会容身于它们之间呢？所说的能够自得的人，是指可以保全自身天性的人；保全自身，就可以与道相融合。

（九）是故得道者，穷而不慑，达而不荣；处高而不机，持盈而不倾；新而不朗，久而不渝；入火不焦，入水不濡。是故不待势而尊，不待财而富，不待力而强；平虚下流，与化翱翔。若然者，藏金于山，藏珠于渊，不利货财，不贪势名。是故不以康为乐，不以慊为悲；不以贵为安，不以贱为危；形神气志，各居其宜，以随天地之所为。

所以，得道的人在穷困的时候不会害怕，在显达的时候不会炫耀；身处高处没有危险，手持盈满之物不会倾覆；新的东西不光耀，长久使用的东西不会随意改变。走入火中不会烧焦，走入水中不会沾湿。所以不依靠权势来彰显尊贵，不依靠财货彰显富有，不依靠力量彰显强大。平和虚静地处于人们所不愿意待的地方，与造化者一起自由翱翔。像他们这样的人，可以把金子藏于山中，把珠玉藏在渊底，不贪图财货之利，不贪恋权势名位。所以不会因为安康而快乐，不会因为不足而悲伤；不会因为处身尊贵而安逸，不会因为处身卑贱而危殆；他们的形体、精神、志气，都居于适宜之处，来顺应天地的变化规律。

## 三 经典解析：识道、体道、行道

《原道训》延续了先秦道家对"道"的解读，认为"道"是创生万物的本原，同时也蕴藏万物运作的根本规律。正是因为"道"是万物存在的终极依凭，也是其演变过程中的最高主宰，所以，要认识与把握它需要依赖人的构想，依赖"道"的意象化阐述，以及人的感性直观。就本篇内容的阐述脉络来看，一开始是关于"道"的理论阐述，其次是体察"道"的方法路径问题，最后是关于如何践行"道"的问题。这里对"道"的阐发理路，表现了古人注重经验观察，擅长想象构思，重视用理论总结引导行为实践的文化传统。

## 1. 识道

道的形象,用一句话来概括,就是无形无象却又包容万象。它既是无形的又是有形的。在中国古代文化中,天地似乎是无所不包、无所不载的,是万物存在的物理空间极限。《原道训》中认为,它"高不可际,深不可测;包裹天地,禀授无形"。一方面,认为道没有具体的形貌,无法用包括天地在内的所有有边际的物象来衡量。另一方面,道借助万物万象来表现自己,"山以之高,渊以之深;兽以之走,鸟以之飞;日月以之明,星历以之行;麟以之游,凤以之翔"。它贯穿于天地万物之中,自然万物、飞禽走兽、山川河流、日月星辰等都因为它而呈现出我们现在所熟知的样子。因此,我们可以说,万物的形象之内本身就蕴含道的形象。甚至我们所理解到的上古圣人也是"得道之柄,立于中央;神与化游,以抚四方"。圣人的完满形象与成就,也是因为与"道"相契合。此外,道的变动之象也体现在万物变化之中,万物时刻处于变化中,由强而弱、由明而暗、由刚而柔的自然而然变化,都在一定程度上表现为道的变化。

道的特征主要表现为无为、包容、清静、柔弱几个方面。无为是道的众多特性中人们最为熟悉的,表现为道不主宰、不干预万物,使万物自然而然地发展。人们之所以把道视为至高、至极的统摄,是因为它创生万物却并不将万物据为己有,它成就了一切却并不主宰一切。自然界的各种生物都依靠它才产生、存活,却没有谁感激它赋予生命的恩德。同样,万物因其造化而走向死亡,道却不会因此而遭到怨恨。因其受益的人不赞誉它,因其挫败的人也不责难它。它极其渺小让人无法深入探其究竟,极其细微却又无穷无尽;反复的累积叠加无法使它增高,毁坏也无法使它降低。增益它却不见它变多,削弱它却不见它减少;砍削不能使它变薄,杀戮不能使它变残;挖凿不能使它变深,堵塞不能使它变浅。总体而言,它似有似无,用自己的方式成就万物,却不以异于万物自然的方式左右它们,而是始终以"无"的方式存在、延续。

道贯穿于"六合""四海",面对万物具象,表现为"无不覆""无不载""无不使""无不备"。这表现了道无所遗漏的广普包容性。道的清静性,主要表现在得道之人对清静本性的返还。《原道训》中指出:"人生而静,天之性也。""是故达于道者,反于清净。"人们往往容易受到外物诱惑而被好恶、私欲所扰乱,伪诈、思虑、惑乱都是因它们而生发。摒弃它们,返还清静,就是人们通达于道的表现。此外,道具有柔弱性,它"柔毳安静""与万物回周旋转",它在与万物互动的过程中总是处于不敢为先,先感后应的和顺状态。对此,《原道训》中延续了老子的智慧,借助天下最柔弱的水的形象来阐述道的柔弱特征。

总之,人们无法描绘"道"的具体形貌,只能借助万物的样态及其变化来逐层呈现。最终我们可以把握到的是,道蕴藏在刚柔、阴阳、生死等事物的变化中,显现在事物的规律、特征中,古人借此来教化、规范世人的言行。

## 2. 体道

"体道"一词最早出现在《韩非子·解老》中。韩非云:"夫能有其国、保其身者,必且体道。体道,则其智深;其智深,则其会远;其会远,众人莫能见其所极。"韩非在阐述"体道"的过程中,把先秦思想家最关心的统治者作为行为主体,认为能"体道"的统治者,能够按照根本规律来治理国家。当然,"体道"的人并非限于统治者群体,而是指所有把自己的作为建立在依循根本规律基础上,并善于保全自身的人。在韩非看来,他们定然是智慧深远、计谋高超的人,一般人很难探知他们内在智慧的边界。

关于"体道"之人与理想治国者的互通关系,《老子》第五十九章提到:"莫知其极,可以有国。有国之母,可以长久。是谓深根固柢,长生久视之道。"在老子看来,"道"本身具有无限性,"体道"之人的言行和智慧同样具有无限性。人可以在无限中窥见本根,在言行中践行根本规律,这是"体道"之人的所知所行。统治者以这样的方式审视国家、治理国家,就能在保全自身的基础上把国家治理得稳定、有序、长久。这样,"体道"之人和理想的统治者,他们的言行智慧都是与"道"相合的,二者在"体道"一事上是平等互通的。

总的来说,"体道"是指把握"道"的根本规律。与《韩非子》和《老子》一样,《淮南子》中也把"体道者"作为阐发"体道"的行为主体,通过其言行来呈现"体道"的必要性及其具体展开方式。

从本原特征来看,"道"是虚静玄妙的万物本根,同时,它能为万物提供任何自然需求的规律依据。它似乎时刻处于变化之中,内中蕴藏着万物存在与变化的所有根本规律。无论是自然界还是人类社会,无论表象的变化如何纷乱繁杂,如果人们立足道的本根性视域来看,会发现万事万物的万千变化,始终是在道所蕴藏的法度之内展开。而以"道"的方式关照万物,只有体道者才能把握到位。

其实,体道者就是那些言行举止都合于道的人。无论是先秦道家还是《淮南子》的作者,他们都很难在现实中找到体道、行道的人物典范。为了引导人们把道作为日常行为中的榜样来遵循,他们往往虚构出一些人物形象,借助这些虚幻人格形象来表达思想观念。例如,庄子把体道、行道的人物形象,塑造为"至人""真人""神人",他们淡泊、超脱,能在动乱与繁华中带给人精神安宁。"君子""贤人""圣人"则是儒家文化中的行为典范,他们积极入世、有礼有节,同时又心怀抱负、志在天下。相比于道家,儒家理想人格散发出的伦理道德与精神理想,更适用于规范社会人伦、维系社会秩序,他们带给社会一种积极向上的文化风貌。

对比先秦儒道两家的理想人格风貌,可以发现,《淮南子》中建构的体道者,其精神格局、思想观念保留了更多道家文化的特质。"恬然无思,澹然无虑""处高而不机,持盈而不倾""不以康为乐,不以慊为悲",他们以安静、淡泊的心态应对一切,不因外物变化而心生悲喜。他们的意识不聚焦于世俗所忧思、焦虑之事。他们心智平静、安然,善于就地取材,把上天、大地、四季、阴阳看作行走于世间的交通车马,处身自然,安享自然的馈赠,与飘然的白云和延续古今的天地互动共存。他们思绪无拘,生活与奔走的过程舒缓,沿着这样的路径,走向自然虚空的至道。

他们在世间行走的过程中,既可以做到缓步慢行,也可以实现快速奔跑,一切与自然大化相融,而没有刻意求索。总的来说,道主宰宇宙间的一切,体道者则与道相融。因此,体道者自然就在一定程度上蕴含了主宰万物的可能性。

《原道训》中进一步指出,如果把体道者以自然主宰的形象人格化,那么雨神、风神、雷电之神,都可以看作为其运转。人可以借其作用通向虚无幽深的远处,穿过没有边际的"无垠之门"。在览尽万物繁华之后,依旧能持守内在纯真,就算走到天地四方的极远之处,依旧能够返回中央之地。因为体道者观察万物的格局是天地、四季、阴阳的视角。用《原道训》中的意象化方式来看,体道者的出行是把整个广博的天作为其乘坐的车盖,车盖早已覆盖天地间的一切;车子则是广博的大地,大地本就承载一切;而拉动车子的御马则是四季,御马者则为阴阳。这样,四季、阴阳都顺随于道的规律、指令,在体道者乘坐马车的过程中,已经将天地之道、自然万物之道尽数体察。以这样的方式出行、观看,就算车马在疾速奔走、极尽远行,车子都会始终不动摇、不疲累。而车上的体道者,他的四肢没有劳作,智慧没有受损,却能获悉八极、八方的疆域、构形。究其原因,在于他从一开始就把握到了"道"的要妙。

在古人看来,无论自然万物还是世间万化,它们都不会违背固有的规律,体道者则掌握了万物变化运作的规律特点。这就如同掌握了洞察万物的一面镜子,它们不需要任何装饰就可以照见万物本然的形貌,巧诈、伪饰、方圆、曲直在它面前都无所掩藏。我们听到的回声不是发声者刻意使然,影子也不是由物体故意制造出来的,它们都是自然而然存在的。对于体道者而言,他们不需要刻意成就,更不需要刻意体察,顺随自然就能体道,就能自然洞见天地万物的本然样态及其蕴藏的固有规律。

通过以上的阐述可以看出,体道者摒弃任意人为的因素,他们纯任自然,可以说是道的人格化。故而,他们具备直接通达"道"的本能。体道者作为《淮南子》中的理想化人格形象,他们可以"随天地之所为"。这种顺随天地自然变化的行为展开方式,其实就是道家一以贯之的"无为",要求人们以"无为"的方式体察"道"、践行"道"。这种观点既延续了老子的"无为而无不为"观点,也继承了庄子的"知其不可为而安之若命"的生活态度。

对于普通人来说,如何做才能体道呢?《淮南子》的作者认为,人生来就是安静的,这是人的本性。人与外部事物接触,受到外物感化做出的行动回应,这是天性受到扰乱之后产生的行为表现,它们在一定程度上对人的天性本然具有潜在的危害。因为对于外物的干扰,人需要通过内心、精神来做出回应,内心和精神的波动牵引着心智的活动。居于内在精神层面的智慧本原在与外物接触的过程中,会产生喜好、憎恶一类的主观情感。主观情感外化于人的行为言表,人的智慧随着外物牵引、主观显露,成为独立的精神元素,不再返还于人的本性之中。这样,人的本性便有了覆灭的危险。这类在外物干扰下迷失本性的现象,在世俗众人之中很常见。《淮南子》中认为,要在人本性迷失的社会中继续探求人的本性,就要依赖于体道者,也就是他们说的"达于道者"。通达于道的人可以"反于清净""以恬养性，以漠处神"。他们虚静、恬淡，不会使自己的天性受制于欲望。他们看似与外物一起变化，但内心之中始终在持守本性。人对自身真实本性的体察，人与自然万物协同变化的言行，这二者构成世俗之人向体道之人转变的重要考量方面。可以看出，这里为世俗大众从受外物牵引转向持守大道，指出了理论和现实层面的可行性。

正所谓"达于道者，反于清净；究于物者，终于无为"。道家坚持，通达至道的人可以拨开外物对主观喜恶的牵引，能让主体意识时刻返回到人的清静本性之中。而那些真正善于探究万物真理的人，他们最终会将自己的行为导向自然无为。这样看来，无论是"达于道者"还是"究于物者"，其实都是体道者。他们都用恬淡虚静的方式涵养性情，时常以精神淡泊来使精神平静、安适，以使精神达到天然的境界。这里所说的天然，其实就是纯粹朴素，不与任何外物相混杂的状态。这显然是一种理想化的状态，是融合于"道"的构想。

在道家文化中，与天然所对应的是人为，人为方式往往龃龉不断，推崇智巧、伪诈、投机。用人为的方式周旋于世俗社会，这是道家所反对的。《原道训》中对天然与人为的区分延续了庄子的方式。

庄子在区分"天"与"人"的时候提到："牛马四足，是谓天；落马首，穿牛鼻，是谓人。"（《庄子·秋水》）庄子认为，牛马天生就有四条腿，这些天生具有的特征就是天然的。而人以故意作为的方式，给马戴口嚼，给牛穿牛鼻，这些人为的改变与天然本性相对立。

《淮南子》的作者借用了庄子对天然与人为的举例区分方式,指出:"故牛歧蹄而戴角,马被髦而全足者,天也。络马之口,穿牛之鼻者,人也。"认为牛马的自然生长特性是天然,用人为的方式对其做出改变、约束,这样的行为就是人为。天、天然、本性,它们都是与道相契合的。世俗中的人为,往往试图以另外一种刻意的方式去改变自然、主导万物,这显然是对"道"的悖逆、否弃。

无论是先秦庄子还是汉初道家,他们在探究道与人的过程中都持守"道"的思想立场。在他们的思维延展下,天然和人为相对应的关照视角,分别是"以道观之"和"以俗观之"。"以道观之"是超越任何个体主观视角,来审视包括自身在内的一切,以冷静客观的方式平等、辩证地看待一切。"以俗观之"则是立足于个体的狭隘视角,把自己的利益、情感、喜好作为评判标准来看待万物。"以俗观之"的人,可以被理解为受世俗观念制约、受个体主观牵绊的见识短浅之人。举例来说,"俗观"之人就像井里的小鱼、小蛙,对世界的认知局限于有限的井内,难以跟它们谈论大海的广博无垠之状。"俗观"之人也像那些只在夏季生灭的蝉蜩,受到季节概念的限制,它们只知道夏季,而无法跟它们谈论冬季的寒冷。这里所说的大海、冬季,是指个体经验认知局限之外的广阔世界样态。它们是处于"俗观"视域中的个体始终无法企及的。人们只有跳出"俗观"的狭隘个体视域,让个体认知通达于"道",以"道观"的方式才能体察。

能做到"以道观之"的人,是道家所推崇的"道观"之人。他们是指不受世俗繁事扰乱,在嗜欲面前能始终保持清静本性的人。能做到"道观"的人,正是体道者。他们的精神、心灵、性情都与"道"相通,能直击万物存在与变化的本原规律,与天地万物协同共进。他们自然而然就能以妥当的方式行事,其行事过程根本不需要刻意的智巧谋划。他们不需要刻意组织言语就能使别人信服自己,不需要专门思索考虑就能达到理想的结果,不需要主动促成就能成就完满的事业与人生。

## 3. 行道

行道,即践行"道",包括以"道"为准则展开的一系列行为活动。道家文化中所说的践行"道",主要表现在以下几个方面。

第一,行道之人通过内在德性来感化人,而非以言辞或法度来指挥人、约束人。刘安等人借舜的故事来说明这一问题。第一个故事是说,舜曾在历山耕作,一年之后,种田的百姓都主动把自己的肥沃土地让给别人,自己则争抢着去开垦贫瘠的土地。第二个故事说的是,舜曾在黄河边上垂钓,一年之后,打鱼的人都主动把涯岸弯曲的多鱼之处让给乡邻,自己则争抢着前往急流河段打捞。在这两个故事中,舜没有动用自己的权力来指挥人们,也没有编排好言辞来劝说百姓,只是通过自己的行为来感化民众。舜的这种至高德行的感化,就如同有神灵驱使一样,使百姓自发效仿。在舜的感化之下,百姓的行为自然而然就向着美德所赞誉的方向发展。

假如舜没有超越世俗的德性,即使他善于言辞,挨家挨户进行劝说,也无法真正感化一个人。就算有人被他的言辞说动,那也只是通过巧言善辩来约束他的道德,导引他的价值观念。言辞劝导属于主动干预,在它干预下出现的行为,并不是行为主体主动使然。因为言语有边界,而"道"没有边界,言语无法以整全的方式影响人,"道"却隐含无限的包容性与可能性。在"不道之道"的至高德行感召下,人们可以主动以道的德性驱策自己的言行。

在另外一个故事中,舜把三苗地区治理得很好,南方的羽国之民也前来参拜,裸国也归顺于他,生活在北方的古老民族肃慎同样归附于他。在收复诸国民心的整个过程中,舜并没有发号施令,各地百姓在舜的影响下自然而然改变风俗。舜的这种感化方式,就其根本来说,是因为舜内在具备美好的德行,而德行的影响力并不是语言引导或法度制约所能企及的。

第二,行"道"作为一种实践方式,它遵循以柔克刚的辩证实践观。在道家看来,行"道"的人,他们往往看似处事方式柔弱,行为不与外物相碰撞、抗衡、僵持,但是,他们的行事结果却非常坚强,以强大收尾。这种由弱转强的行为理路,源于人们内心的虚静和不自满。人的内心可以包容一切,故而能以适当的方式妥善应对外界的所有变化。《淮南子》中把这种行为逻辑总结为"志弱而事强,心虚而应当"。

"志弱"并不是世俗所理解的柔弱,而是把柔弱安静作为应对变化的根本态度。"志弱"的人看似不争、守弱、无为,但他的行为结果却指向成功、强大。"志弱"的人,看似安静、淡漠没有思虑,一旦行动,就不会失去把握事务的关键时机与力道。可以说,"志弱"之人所持守的,是一种不提倡、不主导的行为理念,他们顺随万物变化,随着事态变迁而动态变化、灵活发展。"事强"是指一个人身处各种变局,都能随机应变、排除万难、克服困难。他们可以战胜各种未知的力量,没有什么人或事能击败他们。能具备这种能力的人,往往善于考察周围环境中的各种复杂因素,所以,没有什么外力能危害到他。"行道"就是以"志弱"的方式来实现"事强"的结果。行道者,看似柔弱实则坚强,看似弱小却蕴藏强大,看似少数却能战胜多数。

要想由"弱"的方式实现"强"的目的,有赖于人们对"道"的掌握与运用。行道,本身就是在掌握根本方法规律的基础上实现四两拨千斤。具体表现为,顺应规律,在适当的时机施以柔弱力道,在规律使然的事态演变中,自然而然转向强大。正所谓"柔弱者,道之要也"。行道之时应谨记,柔弱才是道的核心要妙之所在。

这种由弱而强的辩证智慧,在先秦老子那里已经有了详尽的阐发。《老子》第八章中,通过水的柔弱胜刚强,指出水的德性与道的规律特性最为接近。

《淮南子》的作者在阐述柔弱胜刚强的道理时,同样把水作为阐述的物象,以更为细化的方式阐述了老子的"上善若水"。《淮南子》中阐述水的原文,详见前文第六则原文节选。

《淮南子》中对老子的"上善若水"进行了补充和细化,认为在天下万物之中,没有什么比水更为柔弱。水可以大到没有边界,深到无法测量,长到难以追溯其源头,远到没有尽头,无法测量它的增量与减量。水蒸发到天上能形成雨露,降落到地面之上能够滋润草木。世间万物一旦离开它就难以生长,社会诸事不效法它就难以成功。水的恩泽广施于自然万物,但于水而言,并不存在对万物的喜恶。即便是细微的小虫子都受到水的关照,但水在滋养万物的背后却无意于万物的报答或感恩。它取之不尽,以自身之力使万物富足,自身没有损耗却能将德泽广施于百姓。水并非静止不动,而是流动不止,水流延续而没有尽头。水质微小,人们无法用双手握住它。用力击打无法使它受伤,用武器割裂、行刺无法在它身上留下伤痕。砍杀不能使它断绝,焚烧无法使它燃烧。它质地柔软,流向任何地方,任何错杂的扰乱都无法使它流散。它锋利无比,可以穿透金石,它属性强大,可以通达天下任何地方。它既可以在无边无际的地方自由荡漾,也可以在无穷无尽的太空自由翱翔;既可以在山川峡谷之间流连徘徊,也可以在广阔无垠的原野奔涌翻腾。水量聚集有多有少,万物根据自己的需要可以自由索取。水滋养万物,对万物一视同仁,没有公心私心的区分。水势浩荡,与天地相融通。同时,水没有人类认知中的左右之别,它们与万物盘旋共生、交错共变。这些特征正是水的最高德性的表现。水之所以能够以最高的德性成就万物,就在于水的性质柔软、润滑,可以消融于所有事物,其中就包括那些世界上最为坚硬的东西。

  总体而言,《淮南子》的作者对老子的"上善若水"之说持肯定态度,并把它作为自己阐述思想的重要依凭。这里关于水的柔弱特性的阐发,其实是对老子观点的解读与细化。这种阐述先秦道家思想的方式,在《淮南子》中经常出现,为后人解读先秦经典提供了早期的范本。当然,其中也蕴含着《淮南子》作者的独到观点。这种阐述前人经典的方式,既是对前人思想的继承,也是发展。

第三,行道表现为对形体与精神的双重安顿。《淮南子》中直言:"夫形者,生之舍也;气者,生之充也;神者,生之制也。一失位则三者伤矣。"意思是说,形体是生命的躯壳,精气是维持生命运转并使生命充实的主要内容,精神则是生命的主宰。形体、精气和精神,三者中的任何一个不在正轨,另外两个方面也都会受到损害,所以,人们必须要"慎守"它们。能够做到"慎守"的人,正是践行"道"的人。行道可以让它们三者各安其位、各守其职,互不干扰。如果人的形体不安居于其寓所,而是刻意去接触一些额外之物,就会使自身遭到损伤。例如,人在没有防护措施的情况下直接接触火苗,就会被灼伤。精气不处于它所应该充实的地方,而是在不宜运作的地方徘徊,就会外露而难以充实。精神在不合宜的地方停留,就会受到外物蒙蔽,使人陷入混乱。因此,人们必须要谨慎守护自己的形体、精气和精神。

在道家文化中,"道"贯通于人的形体与精神。人的天性、命运和形体,都源于"道"这个同本原。这在先秦和汉初的道家思想家那里,是可以达成共识的。他们一致认为,形体保全是实现性命无虞的必要条件。生命在运行过程中能生发出喜好、憎恶等主观情感,主观情感可以反作用于人的形体。在主观嗜欲驱动下,人们会主动远离其憎恶的事物,同时,主动迎合、创造、追逐那些能满足其喜好的东西。这样,形体自然就会偏离本然的淡泊虚静状态。这种偏离,与人们形体"各居其宜"的应然状态形成偏差,使人们受制于主观欲望,迷失于生命的本原状态。

在他们看来，那些能守住本原的人，恰恰是"得道者"。他们的形体与常人一样，会遭遇穷困或显达，但他们的精神却不会因为穷困而心生恐惧，也不会因为显达而心生喜庆。

为了把行道之人超凡脱俗的一面展现出来，《淮南子》的作者进一步指出："是故得道者，穷而不慑，达而不荣；处高而不机，持盈而不倾；新而不朗，久而不渝；入火不焦，入水不濡。"意思是说，那些行道的人，穷困时不会潦倒压抑、富贵时不会奢侈浮华，他们身处高位却没有危险，手中拿着装满东西的容器也不会倾覆，不会因为得到新的东西而眼神明亮，他们长久使用过的东西也不会变得陈旧，火不能将他们烧焦，水也无法沾湿他们。

这里塑造的行道之人，酷似庄子在《大宗师》中提到的真人。庄子笔下的真人，表现为"过而弗悔，当而不自得也""登高不栗，入水不濡，入火不热"。他们遇到不好的事情却不会懊悔，事情做得合宜也不会自得，站在高处不会觉得恐惧，遇到水不会沾湿，入火也不会感到炽热。在庄子看来，他们之所以能在世俗之人无法坦然应对的处境中泰然自若，是因为他们的形体和精神都达到了"道"的境界。无论是生死变迁，还是水火灾难，都无法激起行道之人的情志变化，自然也就无法伤害到他们。

从道家文化的整体视域而言，无论是庄子建构的神人，还是《淮南子》中的"得道者"，他们所具有的特征和能力，基本上是一致的。这些体道行道之人，在道家文化中，是身份尊崇的理想人格，在世俗影响的范围之外自由活动。他们的知识渊博无际，在于他们的认知和言行都以无边际的道为参照。他们似乎是道家思想中呈现出的最为富有之人，但他们的富有并不是以世俗的财物或声誉为评判标准,而是因为他们拥有的东西充满天地。天地无所不包,他们则"与道为友"。这样,天地万物全都成为他们感知、体察与运用的对象。当然,他们不会使用蛮力同外力与外物相抗衡,他们强大的根源在于善于持弱而守中。因柔弱而感化,因柔弱而安顺,因安顺而虚静,因虚静而蓄藏万千变化的根本依据,从而使万物自然而然地归附于他们。这样,行道之人的生命活动,是同自然万物变化、社会诸事变迁协同推进的。行道蕴含对道的认知,只有懂得道的本源性与规律性,才能以此为参照展开自我的生命实践活动。在道的贯穿和引导下,行道之人就自然而然地把形体与精神以合于道的方式进行安顿,这也是人们处理生命问题的最理想方式。

《淮南子》的政治性决定了其对统治者的关注,其中提到的理想统治者,是"吾与天下相得""全其身,则与道为一"的人。这里显然是把统治者的外在之"身"和内在之"心"与道相联系。在中国历史上,无论是早期的奴隶社会,还是后来的封建社会,统治者都被认为是天下的主宰。在道家看来,真正占有天下的方式,并非世俗统治者所展现的样态,真正能占有天下的人,也并非以权力巅峰的狭隘视域来界定。那些世俗所谓的天下之主,不过是在个人私欲和权势驱使下的不完满之人。他们既做不到控制私欲,也难以舍弃权势。故而,他们主宰天下,被归类为道家文化中背离道的自私行为。在道家这里,一个国家究竟是通向集权统治的"伪"完满,还是虚静充实的"真"完满,二者的区别就在于,其统治者是否做到了与"道"相融,把道的真谛外化于治国实践。

对常人而言,经营生命不外乎兼顾好形体完满与精神富足两个方面。如果说保全与舒适是形体的完满状态,那么,满足与从容则是精神的理想化样态。从先秦庄子开始,道家就把这二者同时纳入哲学思考的范畴。《淮南子》沿着庄子的路径,继续在形体与精神的双重维度,规范人、规范社会秩序,使道家思想更接近于世俗生活,更具有实践引导价值。

# 第六章 《精神训》选粹

## 一 精神与肉体的关系

《精神训》主要论述了人的形体与精神的起源及其发展问题。篇名中的"精",指精气;"神",指精神。其中,精气具有物质属性,蕴含朴素唯物论色彩。精神则主要与人的情绪、情感、喜好等主观特质相关联,注重对人的内心关怀。精神与精气,分别立足于形而上和形而下的双重维度,共同通向人的生命哲理。

历史上最早记载"精神"一词的是《吕氏春秋·尽数》。原文为:

> 圣人察阴阳之宜,辨万物之利,以便生,故精神安乎形,而年寿得长焉。

可以看出,这里把精神理解为与"形"相对而又安附于"形"的生命组成部分,属于造化使然在人身上的显现。精神与形体持久稳定、相安相附,是人们实现长寿的重要条件。因为《吕氏春秋》的问世时间早于《淮南子》,且二者探讨精神的内容思想相近,所以,后人一般认为,《精神训》延续了《吕氏春秋》对"精神"的解读。

总的来说,《精神训》中把精神看作生命的重要部分,通过在对照视域审视精神与形骸,得出生命问题中精神重于形骸的结论。同时,作者也对如何涵养与持守精纯精神的问题,给出了日常应对之策。

## 二 原文节选与释义

(一)古未有天地之时,惟像无形,窈窈冥冥,芒芠漠闵,澒濛鸿洞,莫知其门。有二神混生,经天营地;孔乎莫知其所终极,滔乎莫知其所止息;于是乃别为阴阳,离为八极;刚柔相成,万物乃形;烦气为虫,精气为人。是故精神,天之有也,而骨骸者,地之有也。精神入其门而骨骸反其根,我尚何存?

译文:在天地尚未形成的上古之时,只有无象之象,而没有具体的有形之物存在。昏暗幽深,混沌不清,其中原委无法明晰。阴阳二气同时出现,共同营造天地。深远而不知道它的边界,广阔而不知道它停息的地方。于是分别为阴阳二气,离散到四方八极。阴阳二气互相作用,万物逐渐形成于其中。其中的杂乱之气生成鸟兽虫鱼,精纯之气则生成人类。因此,人的精神来源于天,形骸来源于地,人的精神终将回归于天,骸骨也会复归于地(在天地变化之外),"我"又如何得以存在呢?

（二）是故血气者，人之华也；而五脏者，人之精也。夫血气能专于五脏而不外越，则胸腹充而嗜欲省矣。胸腹充而嗜欲省，则耳目清、听视达矣。耳目清、听视达，谓之明。五脏能属于心而无乖，则勃志胜而行不僻矣。勃志胜而行之不僻，则精神盛而气不散矣。精神盛而气不散则理，理则均，均则通，通则神，神则以视无不见，以听无不闻也，以为无不成也。

（三）夫孔窍者，精神之户牖也；而气志者，五藏之使候也。耳目淫于声色之乐，则五藏摇动而不定矣。五藏摇动而不定，则血气滔荡而不休矣。血气滔荡而不休，则精神驰骋于外而不守矣。精神驰骋于外而不守，则祸福之至虽如丘山，无由识之矣。使耳目精明玄达而无诱慕，气志虚静恬愉而省嗜欲，五藏定宁充盈而不泄，精神

所以，血气表现为人的外在形体，五脏表现为人的内在精神。血气齐聚于人的五脏之内而不向外扩散，可以充实人的胸腹，减少人的嗜欲。胸腹充实而嗜欲减少，能使人耳目清静，视听通达。耳目清静，视听通达，这就是"明"。五脏归心而不逆，惑乱之心就可以被制止，人的行为自然也不会偏向邪佞。惑乱之心和惑乱之行的止息，可以使人的精神旺盛，精气内聚而不散。精神旺盛，精气不散，则万事皆有条理，有条理就和谐，和谐可以通达，通达则能达到神明之状。达到神明之状，就能看见所有看不见之物，听见所有听不见之声，做成所有常人难以做成之事。

孔窍是精神的门户，血气是五脏的使者。当人的耳目放纵于声色，五脏就面临动荡，无法使自我安定。五脏动荡不定，血气也会随之动荡不止。血气动荡不止，精神就会外散，不能安守于身。精神外散不能安守于身，就算像山那么大的祸福降临于己，也难以识别。如果能保持耳目通畅而不被外物激起心中变化，保持气血清虚恬淡而免受欲望干扰，保持五脏安定宁静充实而不外散，保持精神守于形骸之内而不向外消散，那么，即使是洞见过往、预知未来都不足以表现它的全部，更何况是祸福相间之处呢！所以说，向外行走得越远，他所能知道的也就越少。说的就是精神不能过度外散的道理啊。

内守形骸而不外越,则望于往世之前而视于来事之后,犹未足为也,岂直祸福之间哉!故曰,其出弥远者其知弥少。以言夫精神之不可使外淫也。

(四)夫悲乐者,德之邪也;而喜怒者,道之过也;好憎者,心之暴也。故曰:其生也天行,其死也物化;静则与阴俱闭,动则与阳俱开;精神澹然无极,不与物散而天下自服。故心者形之主也,而神者心之宝也。形劳而不休则蹶,精用而不已则竭,是故圣人贵而尊之,不敢越也。

(五)若吹呴呼吸,吐故纳新,凫浴猿躩,熊经鸟伸,鸱视虎顾,是养形之人也,不以滑心,使神滔荡而不失其充,日夜无伤而与物为春,则是合而生时于心也。且人有戒形而无损于心,有缀宅而无耗精。夫癞者趋不变,狂

悲与乐是道德不正的表现;喜和怒是超出道的表现;好与憎是对心的损害。所以说,"出生是天地自然运化,死亡是顺随万物自然变化。虚静的时候与阴气一同静闭,变动的时候与阳气一同开启"。精神淡泊,没有边界,不需要随着万物溢散,天下万物自然而然归附于它。所以说,内心是形体的主宰,而精神是内心最为宝贵的所在。形体疲劳而不休息就会损伤形体,精神过度使用而不知止息就会使精神衰竭。因此,圣人以此规律为贵而遵守它,不敢违背。

吹嘘呼吸,吞吐空气,像野鸭浮游猿猴跳跃,像老熊吊颈飞鸟展翅,像鸱鸟举首而视,像老虎回头反顾,这是养形之人的做法。不能使人心混乱,而要使人的精神波动却不失之充实,随着时间变化不伤害到它却能随万物而变,在于它的内在与道相合,内心可以感知外在变化。有的人外形发生变化却不会损害心神,有的人生命终结了而精神一直存在。这就如同那些身上长癞疮的人,他们虽然形体改变了但

者形不亏,神将有所远徙,孰暇知其所为?故形有摩而神未尝化者,以不化应化,千变万抮而未始有极。

(六)衰世凑学,不知原心反本,直雕琢其性,矫拂其情,以与世交,故目虽欲之,禁之以度;心虽乐之,节之以礼;趋翔周旋,诎节卑拜;肉凝而不食,酒澄而不饮;外束其形,内总其德;钳阴阳之和,而迫性命之情;故终身为悲人。达至道者则不然,理情性,治心术;养以和,持以适;乐道而忘贱,安德而忘贫;性有不欲,无欲而不得,心有不乐,无乐而不为;无益情者不以累德,而便性者不以滑和,故纵体肆意,而度制可以为天下仪。

精神志趣却不变。癫狂之人虽然形貌没变但精神却早已不是原来的样子。谁又能知道,它们是如何发生这样的变化呢?所以,有形体变化而精神没有改变的人,他们能以不变去应对任何变化,用不变的精神去应对变化无穷无尽的形体。

世道衰落的时候,人们追逐舍本逐末的学说,不懂得返回人的天性、本根,只是雕琢本性,扭曲性情,以此与世俗交汇。所以,他们的眼睛想看,却受到世俗禁制而不得不守规矩;内心喜欢,却受到礼仪限制而不得不守礼节。靠近时注重趋附周旋,尽显卑躬屈膝之态;冰凉凝固的肉食不食用,酒水放置久了不饮用。人的外在行为举止被约束,内在的德性也被困住。阴阳二气的自然和气被钳制,生命的真性真情被压制,所以终身只能是个悲哀之人。通达至道的人则不然,他们能整理好自己的性情,修治好自己的内心,以和气养生,以安适守本。乐于接受至道,而忘却自身的贫贱,安守德性而忘却生活的贫穷。本性之内有所不欲,因为没有欲求而没有不能得到的。内心不追求快乐,因为不刻意追求快乐而没有不快乐的。不增益于本然性情的人,不会牵累自己的德性。而那些与天性本然不相适宜的,不拿它们扰乱平和的内心。因此,放纵行为,放纵情志,可以成为天下人共同遵守的行为准则。

## 三　经典解析:精神、形体、生命

对生命的起源保持好奇,是今人与古人的共同思索趋向。由此产生了朴素唯物视角的"无之生有"说,也出现了盘古开天、女娲造人等与创世相关的神话故事。《淮南子》的作者,站在唯物视角认识自然与社会问题,他们延续了先秦道家和阴阳家的生命起源观,同时把精神看作生命中比形骸更重要的组成部分。总的来说,如何诠释人的精神、形体与生命,如何处理三者之间的关系,构成《精神训》所探讨的核心问题。

### 1. 万物的起源与精神的缘起

在常人看来,生命的活力表现在精神饱满和形体健全两个方面。如果非要把它们二者做出孰轻孰重的区分,不同的人可能有不同的看法。《精神训》中分别就二者的缘起与终极走向展开分析,最终得出精神重于形体的结论。

从生命的起源来看,人与万物都源于阴阳二气的作用。在天地还没有成形的上古时期,当时存在的只有无形的影像,具体的有形之物还没有形成。当时的宇宙只是一片昏暗不明、迷茫幽深、混沌不清与空漠虚无的恍惚无形之状,当然也没有人知道它为什么会是这个样子。后来不知道从什么时候开始,同时出现了两种神妙的力量,它们分别是阴阳之神。阴阳一同运作,运化天地。没有人知道它们的尽头在何处,只能以深远形容它。没有人知道它们的运动是否有停歇的时候,如果有的话又是停歇在什么地方。人们唯一知道的是，它们看起来好像一直在运作发展。这里所说的阴阳二神，其实就是阴阳二气。它们离散到四方八极的广阔宇宙。在阴阳二气刚柔并济、互相作用之下，逐渐发展出了有形有象的具体事物。天地间一开始的混沌杂乱之气，逐渐变为行走在大地上的虫鸟兽类，另一部分精纯之气则变成人类。就这样，天地之间的万物与人就都在阴阳二气的作用下形成了。

以这种方式来解释人与万物的起源，并非《淮南子》的独创，而是早在老子的思想中已经出现。《老子》第四十二章中提到：

> 道生一，一生二，二生三，三生万物。万物负阴而抱阳，冲气以为和。

通过对比可以看出，《淮南子》对老子思想中"道生万物"的过程做了详细的阐述。尤其值得注意的是，《淮南子》的作者把《老子》中的"万物"进一步分类，即杂乱之气所生成的虫鸟兽类和精纯之气所化生的人类。

老子所说的"万物"，拥有同样的起源和生发过程，隐含人与万物平等无差异的特质。在老子万物起源论的基础上，庄子提出了人与万物齐同、无差异的"齐物论"思想。到了《淮南子》这里，虽然万物和人，在混沌的原初状态之时是同一个阴阳本原，而且具有同样的前期演化过程，但在生化过程的末端，分别由烦乱之气和精纯之气这两种不同的气所化生。这样，人与其他万物的化生过程就在理论根源上出现了差异,也无法再用完全齐同平等的视角来审视它们。正是因为人由精纯之气所生,而其他万物由烦乱之气所生,精纯之气与烦乱之气间的不对等关系,直接对应着人与万物之间的主导与顺从关系。

《精神训》中认为,精神是人所独有的,内中蕴含生命的主动性;形骸是人与自然万物所共有的,属于生命中顺从的一面。精气与烦气不同,源于它们不同的生发源头,它们分别是"天生"和"地生"。就人的产生来看,精神来源于天,而形骸来源于地;就人的死亡来看,是精神重回天,形骸重返地。这表明,人的产生是天地间阴阳二气运作所使然,而人的死亡则是阴阳二气消散并回归其本原的过程。当人的精神返回于天,人的形体回到大地,那个作为生命主体的"我"还剩下什么?答案显然是"无"。这里所说的"无",是外在行迹上的无。对应到精神与形体的消亡中来看,一个人的行迹消失与形体消亡,是几乎同步的。精神则无法用物理世界中的行迹来评判,所以它与人的形体死亡是分开而论的。也就是说,一个人在形体消亡之后,我们依旧可以捕捉到他的精神意蕴。

当然,一个人的生命所依傍的是天地,最后也终将回归天地。既然人在这些至关重要的生死关头都要遵循天地的规律准则,不存在独立于天地之外的其他可能性,那么,人在持守自我生命的过程中,同样应该以天地为参照,依顺其发展规律来成就自我。

## 2. 内养精神重于外养形体

精神没有具体形象，人们也无法用感官来获取它，但这并不代表人们完全无法认识它。在生命运作的过程中，精神依附于形体获取外部信息，因此，可以根据人与外在世界的联结来调整内在精神。

《精神训》中把"耳目—五脏—血气—精神"看作是外在形体联通内在精神的有机脉络。认为如果人的耳目感官不加以节制，放任纵情于声色，就会牵动五脏的动荡，五脏不定会带动血气动荡，血气动荡则引发精神外散，从而使精神不能安静持守于自身。反之，如果一个人能做到保持耳目通畅，不纵情外物，就不会激荡起他心中的情绪变化，五脏和气血也不会受到侵扰，而是保持虚静。与它们相连的精神自然也会保持宁静、充实，持守于人的形体之内而不向外溢散。

精神没有安守于形骸之内，和精神安守于形骸之内，这二者到底有什么区别呢？我们这里以常见的祸福变化为例来说明。如果精神外散而不安守于内，人们的注意力就会分散到声色喜好引导的各个地方，难以专注冷静地看待事物。这时候，如果刚好有灾难降临，人们会因为没有冷静专注地发觉灾难而难以第一时间识别它们，更难以迅速做出有效的应对之策。反之，如果精神安守，人们就可以客观冷静地洞见一切，包括所有的过去和未来，自然也包括当下的祸福迹象及其发展趋势。

另外需要注意的是，人的喜怒等情绪变化也会有损于精神。因为情绪波动会打破精神的平静状态，干扰人的冷静和理智心态,所以理应谨慎对待。对于现代人来说,我们可以理解悲、痛、苦等消极情绪的危害,但对于喜、乐等积极情绪则通常持肯定的态度。但现代中医养生中,就把喜乐在内的一切情感、情绪波动都看作对虚静养生所不利的东西,认为它们都会扰乱人的精神平静,因此是需要否弃的。就人的情绪舒展来看,丰富的喜乐情绪似乎更有益,但就静心养生而言,反而是不喜不怒的内心平静状态更为有益。对于这种不同的主观情感评判,我们无需厚此薄彼,而是应该放在具体的生活情境中发挥它们对人的积极作用。

其实,中医养生中坚持的情绪虚静观点,最早出现于老子的思想中。老子对人的喜怒均持否定的态度,其中具有代表性的是他的"宠辱若惊"一说:

> 何谓宠辱若惊?宠为下,得之若惊,失之若惊,是谓宠辱若惊。(《老子》第十三章)

在老子看来,得与失本来就是一正一反的,对一方的否弃就意味着对另一方的肯定。老子认为,任意一方的出现都意味着人的情绪表达与"道"不相合。在他看来,宠的得失,辱的得失,这些都是让人惊惧的事情。因为天道规律表明,事情往往会向相反的方向发展,得与失,荣与辱,它们始终是相反相成、不断转化的。正所谓祸福相依,物极必反,眼下的暂时得宠,潜藏着接下来受辱的可能性,当前的一时受辱,必然会转化为将来某时的受宠。这样,如果一个人执着于追逐正面的"宠",必然会陷于"—宠—辱—宠—辱—宠—"这一无限循环变化的因果链条中。当然,这一过程中不断消耗磨损的始终都是人的精神与情志。

在《淮南子》的作者看来,感官嗜欲,情绪变化,它们都会使人精神溢散,打破精神清虚恬静的本然状态,它们在有损于精神的同时,也会扰乱人的外在言行,其主要观点是对先秦道家的延续。

那么,回归我们的现实生活,内养精神和外养形体,究竟哪个更为重要呢?首先我们必须要认同的是,在生命动态延续的过程中,形体和精神是相互依存的。然而,它们二者有各自不同的展开方式和发展路径。有一些人,他们的形体会因为各种因素使然而发生极大变化,例如,身体由整全变为残缺,身体表面长出一些病变。就像庄子在《德充符》中塑造的畸人那样,他们或者只有一只脚,或者肩膀长得比头顶还要高,或者脸上长出巨大的肿瘤。以世俗的审美标准来看,这些形貌异常的人是丑陋的、畸形的。人们也时常会用异样的眼光来看待他们,不愿意跟他们相处。那些形貌与常人不同的人,他们经常会遭遇周围人的偏见对待。

庄子把这些畸人称为"天全"之人,认为用世俗眼光伤害他们的人是非常不明智的。因为"形骸之内"和"形骸之外"相比,后者更重要。相比于"亡足",我们本应该更关注那些依旧完好的"尊足者"。相比于"形不全","才全"才是更接近于道的。如果所有人都能认识到这一点,他们就会明白外在形貌的变化只是生命变化的一小部分,而并不是全部。即使形貌改变了,只要不被主观偏见所扰乱,同样可以守住精神。在变化的形貌之内,能守住不变的本真，这才是生命最可贵的延续方式。

此外，生命还有另外一种变与不变的方式。那就是人的形貌没有变化，但精神癫狂，失去本真。在庄子与刘安等人看来，这样的人才是真正失去自我的人。

形体变化是每个人在生命过程中都会遇到的。如果说我们刚才所提到的形体异常变化是特殊情况，那么变老、变黑、变高、变矮则是常人都要经历的变化。虽然前文所说的变化不常有，但后一种变化是每个人都会面临的。在现实中，这两种变化对应人们全然不同的两种心态，前者引发的精神波动大而后者波动小。其根本原因在于，人们内心深处对这两种变化的接纳程度不同。

对道家而言，我们这里提到的两种变化根本没有差别。他们认为，要想持守住精神本根，就应该坦然看待所有的外在变化，不被任何变化牵动自己的情绪。只有守住精神的本根，以不变的姿态去面对所有的形体改变，不去刻意搅扰那些自然而然的变化，这样才能轻松应对生命中的所有变化。

对于常人来说，形体变化是不能自主决定的，但精神是可以自己调节的。那些不能把控的部分，我们应该主动顺从，而对于可以把控的部分，应该用心经营。这样，人们动态生活的过程，其实就是顺应外在形骸变化，尽心经营、调整精神内在的过程。

由上可知，内养精神和外养形体都是生命中不可或缺的部分。对于乐于主动经营的人来说，持守精神，用虚静平和之心涵养精神，可以使自己不沉湎于繁乱的外物世界。一个不受外物侵扰的人，可以在历经万千变化沉浮之后依旧冷静坦然地保有原初的那份纯真,这才是生命最有价值意义的部分。换言之,不管如何外养形体,形体的变化都不会停止,但内养精神却可以实现永恒。因为精神性的部分才是真正决定生命价值意义的本根所在,因此,刘安等人坚信,内养精神重于外养形体。

### 3. 精神问题背后的社会现象思考

无论是先秦道家,还是围绕在刘安周围的淮南学术群体,他们都关注人的精神问题,认为精神层面的平和、淡泊才是生命的理想化状态。所以,在他们的思想中,把生命的价值意义维护主要置于精神层面。为了维护精神的虚静本原,他们对世俗社会的礼制、法度表现出消极的态度,认为它们用诸多繁缛礼节限制了人的自由本原,使人丧失了本性。同时,它们的广泛施行,造就了人与人之间不对等的社会关系,使人们的互动交往过程尽显周旋附和、卑躬屈膝之态。人们的内心情志随之被压抑,不能尽情尽兴地按照内心本真的需求样态自由生活。

先秦诸子中,儒家标举仁义,墨家主张兼爱,法家提倡法治,名家注重名辩。百家各执一端,积极奔走,希望统治者推行自己的政治主张。在道家看来,诸子百家思想作用于人的过程,其实就是约束、管制人的过程。看似约束的是人们的外在言行,但人的形体与精神是无法割裂的,形体的约束必然会渗透到内心。这样,百家思想在约束、引导人们行为实践的同时,也将人们的自由精神一步步锁进牢笼。看到人们的自由精神被限制、约束,道家就会跳出来对此展开批判。

回归古代哲学思想的发展史和它们对现实社会的运用,我们发现,道家看待问题的视域比较开阔、高远。他们在看待事情时,习惯于把不同事物都置于一个动态发展的时空中。因此,他们看待问题、分析问题就相对更为周全、深刻、长远。这表现了道家思想审视问题的辩证智慧。

先秦道家的思想智慧受人称赞,但其政治理想和纠正时弊的一些方式方法,却没有被当时的统治阶层直接用于处理社会事务,直到汉初黄老道家智慧融合了儒法等诸子百家思想之后,才真正在治国实践中运用起来。虽然道家直抵生命的根本,批判那些妨碍生命自由的外在制约,但他们对理想社会关系的构想和维护方式过于理想化,难以付诸现实。换言之,一旦缺乏现实可操作性,脱离了其他诸子百家更贴近现实智慧的一面之后,道家政治思想的现实可行性就会大打折扣。

例如,道家批判礼法,同时呼吁社会上下都摒弃礼法。但如果真的按照道家所倡导的那样,社会上下将礼法制约都摒弃,人们都专注于"理情性,治心术;养以和,持以适",人人都忙于修治内心,保持虚静平和,乐道安贫,无欲无为,那么,人们相互之间的摩擦与矛盾固然会减少,社会上下也能养成安顺祥和的风气。但是,这也就意味着,人们把这种安顺心态视为正面,而积极进取之心则与道相悖,不受提倡。历史发展表明,人们自强不息的进取精神才是推动社会发展和文明进步的内在动力。对于社会现实来说,当礼法约束失去作用,那些把社会导向积极正面的诸多价值理念也会同时消失。这时候,人民群众共同推动社会进步的力量又该如何获取呢?

所以说,适当的管制、约束是社会发展所必需的,也是人们在学习道家智慧的时候应该理性看待的。这就提醒我们,现代社会热爱道家文化的人们在学习道家智慧、践行道家智慧的时候,不应该一味拘于"虚静""安顺"等概念。要杜绝以无所事事、消极不作为的心态自勉。而是应该把这些安顺、消极的元素,用作消解积极进取过程中的过度行为,用来平衡自己过于功利的世俗心态。这才是道家精神在现实社会中真正需要发挥作用的地方。

此外,《精神训》中延续了先秦道家对精神本心的维护。把这种对生命本性自然的维护放置于现代社会,同样值得我们从中汲取有益因素。道家文化中讲求的"精神"与我们所熟知的"初心"具有一脉相承的作用。我们现在经常讲"初心",谈"不忘本"。国家也呼吁"不忘初心,牢记使命",把初心作为治国理念的重要牵引力。

对于国家来说,初心是革命前辈们为强国富民奉献自我的心之所向,是他们为自己的未来事业所选定的坚定方向,是他们奋斗的初衷。在国家发展的过程中,难免会出现一些干扰到初心的因素。这时候,再次用初心和使命来引导国家和人民,对于净化社会风气,推动理想信念的回归具有重要启示作用。

其实,初心和使命不仅是维系国家健康发展的核心价值力量,也是个人发展过程中应该坚守的精神内核。人的生命轨迹是一个长期动态的有机发展过程,自我内心的决定要素起着关键作用。在青少年时期,人们往往都会构想未来的宏图壮志,把自我理想与为社会做出贡献相联系。但随着现实经历的展开,会遭遇接踵而来的各种生活苦难。这时候,一些人就会动摇原初的生命理想，一再降低对自己未来的目标要求。人们从最初的立志高远到后来的降低理想，降低自我生命奋斗的积极性。这个理想目标变易的过程，就是从建立初心到初心让位于其他更低层次价值意义的转变过程，也就是初心由"再"到"不再"的转化过程。面对初心的动摇，我们应该重新审视自我，积极反思那些生活中有积极有意义的部分。如果它确实具有高远价值，既能为社会做出贡献，还能实现自我价值，那就有继续延续的必要性。如果它不是年少时期的无知空想，而是具有现实可行性，那我们就更应该重拾初心。

精神性是联通个人与社会的重要文化联结。个人因为精神内在才可以实现自我的生命价值，并建构生活的意义和理想。人作为社会的一份子，因为精神共性才能实现人与人之间的关联互动，并建构出属于人类社会的精神文化。《精神训》中探讨的精神问题，作为道家智慧的重要构成部分，为我们提供了诸多培育精神的方式方法。作者把智慧和文化融合在精神培育之内，告诫后人要减少私欲、平衡情志，用虚静平和的精神风貌应对所有已知和未知的生活可能。

# 第七章 《主术训》选粹

## 一 治国理念与日常智慧

《主术训》中的"主"指君主,"术"指原则、方法。本篇主要探讨的是君主治理国家、统御臣子的具体原则和方式、方法。其中提倡的治国理念以道家的无为而治为主,认为无为而治就是按照自然规律与社会规律治国。作者纳入了儒家的仁义观和修养论,认为统治者要积极减免赋税,颁布的政令应该顺应百姓的劳动时节,以此增进百姓的生活福祉。认为统治者应该选用贤能、正直的臣子担任要职,依靠众人的智慧治理国家,还要利用自己的权势统御臣下、维系好君臣关系。此外,统治者还要提高自身修养,做好示范作用。可以说,本篇提到的治国理念,所包含的内容非常全面,是后人研究黄老道家治国智慧的重要文献。同时,我们也需要认识到,其中塑造理想君主形象的智慧思路,对于现代管理思想,对于普通人如何经营管理自己的生命问题,都具有重要借鉴价值。

## 二 原文节选与释义

（一）人主之术，处无为之事，而行不言之教。清静而不动，一度而不摇，因循而任下，责成而不劳。是故心知规而师传谕导，口能言而行人称辞，足能行而相者先导，耳能听而执正进谏。是故虑无失策，谋无过事。

（二）是以上多故则下多诈，上多事则下多态，上烦扰则下不定，上多求则下交争。不直之于本，而事之于末，譬犹扬埃而弭尘，抱薪以救火也。故圣人事省而易治，求寡而易澹，不施而仁，不言而信，不求而得，不为而成。块然保真，抱德推诚，天下从之，如响之应声，景之像形，其所修者本也。刑罚不足以移风，杀戮不足以禁奸，

译文：君主治理天下的方法是以无为来治国，以非说教的方式来施行教化。君主保持自身清静不躁动，持守统一的法度而不动摇，根据自然的能力特长来任用臣下，督促臣子发挥治国作用而不亲自劳心劳神。因此，君主自己明白，却乐于听取师傅的教导；自己可以说，却让使者去传达所说；自己知道走法，却让司仪之人去引导宾客；自己可以听见，却让主持政务的人来进谏。所以，他考虑问题不会失策，计划行事不会出错。

因此，上面的君主智巧多，下面的臣子和百姓就多巧诈；上面的君主积极有为，下面臣民的应对之策也就多；上面的君主常扰乱，下面的臣民就不安定；上面的君主欲求多，下面的臣民就多争斗。不在根本之处加以修正，而忙于细枝末节，就如同扬起灰尘来抑制尘土，怀抱薪柴去救火。所以圣人精简事务而使治理国家变得容易，欲求减少就容易淡泊知足，不务求布施教化却能尽显仁德，不需多言却能受人信任，不主动求索却能获得，不需要做什么却能成功。安然独居，持守纯真，心怀道德，外显诚心，天下众人都追随着他，就如同声响自然有回音，有形之物自然有影子，因为修治的是本根。刑罚并不足以让风俗发生改变，

唯神化为贵,至精为神。

（三）故太上神化,其次使不得为非,其次赏贤而罚暴。衡之于左右,无私轻重,故可以为平；绳之于内外,无私曲直,故可以为正。人主之于用法,无私好憎,故可以为命。

（四）君人之道,其犹零星之尸也,俨然玄默,而吉祥受福。是故得道者不为丑饰,不为伪善,一人被之而不褒,万人蒙之而不褊。是故重为惠,若重为暴,则治道通矣。为惠者,尚布施也。无功而厚赏,无劳而高爵,则守职者懈于官,而游居者亟于进矣。为暴者,妄诛也。无罪者而死亡,行直而被刑,则修身者不劝善,而为邪者轻犯上矣。故为惠者生奸,而为暴者生乱。奸乱之俗,亡

杀戮也并不足以禁止奸邪之事的发生,只有精神上的改变才是最为根本的,精气中最纯粹的就是精神。

所以,(治理国家)首先是从精神上感化,其次是让人们不做坏事,最后才是施行奖励贤能和惩罚暴虐。对于左右两侧,称没有偏私之心,所以可以视为公平的象征；对于内外之别,绳墨没有曲直的偏私,所以可以作为正直的标准。统治者使用法令,不夹带私心与好恶之情,所以能实施政令。

君主治理国家的方式,就像祭祀零星时的尸祝那样,庄重静默,自然而然地接受吉祥和祝福。所以,得道的君主不会掩饰丑陋的东西,不会虚伪地行善。一个人受到君主的恩惠不会觉得太大,万人共享君主的恩惠不会觉得太小。因此,君主广施恩惠要谨慎,就像使用暴力治国要谨慎那样,这样,君主的治国之道就算通达了。广施恩惠的人,热衷给予。对没有功绩的人给予丰厚奖赏,对没有功劳的人给予高官爵禄,那样,真正恪守职责的官员就会懈怠,而那些闲居不定的人就会从中获得谋取官禄的机会。施行暴力的人,惯于随意诛杀。没有犯罪的人被无辜杀害,品性正直的人遭受刑罚,这样一来,那些修身的人不再为善劝善,行为不轨的人反倒敢于轻易冒犯作乱。所以,滥于施行恩惠可以

国之风。是故明主之治，国有诛者而主无怒焉，朝有赏者而君无与焉。诛者不怨君，罪之所当也；赏者不德上，功之所致也。民知诛赏之来，皆在于身也。故务功修业，不受赣于君。是故朝廷芜而无迹，田野辟而无草。

（五）人主贵正而尚忠，忠正在上位，执正营事，则谗佞奸邪无由进矣。譬犹方员之不相盖，而曲直之不相入。夫鸟兽之不可同群者，其类异也；虎鹿之不同游者，力不敌也。是故圣人得志而在上位，谗佞奸邪而欲犯主者，譬犹雀之见鹯而鼠之遇狸也，亦必无余命也。是故人主之一举也，不可不慎也。所任者得其人，则国家治，上下和，群臣亲，百姓附。所任非其人，则国家危，上下乖，群臣怨，百姓乱。故一举而不当，终身伤。

滋生奸邪，而惯于施行暴力会滋生动乱。奸邪、动乱的风俗，是亡国之象。所以，英明的君主之治，君主不会因国家之内有被诛杀之人而恼怒，也不会因朝廷有需要奖赏的人而高兴。被诛杀的人不怨恨君主，自知罪有应得；被奖赏的人不感谢君主，自知受之有功。民众知道赏罚的原因都取决于自己，就会积极投身建立功业，不把指望寄托于君主的恩赐。因此，朝廷空芜，少有人迹，田地都被开垦，田间没有杂草。

君主看重正直之人，推崇忠诚之士。忠诚正直的人身处上位，执政事，这样，谗佞奸邪之辈就难以进入朝堂。就像方形之物与圆形之物，二者不能相遮盖，弯曲之物与笔直之物，二者不能相吻合。鸟类和兽类不能同群相处，因为它们不是同类；虎和鹿不能同游，因为它们的力量不对等。所以，圣人得志的时候身处高位，奸佞之辈要想冒犯君主，就如同鸟雀碰到鹯鹰一类的猛禽，老鼠遇到狸猫一样，一定是要丧命的。所以，君主的一举一动都不能不慎重，任用的人得当，就能使国家大治，君上与臣下和睦相处，群臣之间互相亲和，百姓归附。任人不当，就会使国家陷于危殆，在上者与处下者的关系错乱，群臣之间相互怨恨，百姓身处动乱。所以，君主任用臣下的举措一旦不当，就会终身受其害。

（六）人主租敛于民也，必先计岁收，量民积聚，知饥馑有余不足之数，然后取车舆衣食供养其欲。高台层榭，接屋连阁，非不丽也，然民有掘穴狭庐所以托身者，明主弗乐也。肥醲甘脆，非不美也，然民有糟糠菽粟不接于口者，则明主弗甘也。匡床蒻席，非不宁也，然民有处边城，犯危难，泽死暴骸者，明主弗安也。故古之君人者，其惨怛于民也。国有饥者，食不重味；民有寒者，而冬不被裘。岁登民丰，乃始县钟鼓，陈干戚，君臣上下，同心而乐之，国无哀人。故古之为金石管弦者，所以宣乐也；兵革斧钺者，所以饰怒也；觞酌俎豆，酬酢之礼，所以效善也；衰絰菅屦，辟踊哭泣，所以谕哀也。此皆有充于内而成像于外。

统治者向百姓收取赋税，必然要提前计算出他们的全年收成，度量出百姓的积蓄，知道百姓处于饥荒还是有余，以及其饥荒和有余的数量，然后再收取赋税来满足自身的车马衣食等欲求。高耸的亭台、楼榭，相连的宫殿，这些不是不好看，但因为很多百姓还挤在窄小的土洞和草棚，所以英明的君主住在华屋里面就不会快乐。美酒醇厚，食物甘甜香脆，这些都不是不美味，但民众还有连糟糠都吃不到的，那么英明的君主吃着它们也不会觉得香甜。舒适的床榻，细软的床垫，不是不安宁，但是民众中还有人正在戍守边关，有人正身处危难，有人刚暴死野外，英明的君主睡在这样的床上也不会感觉到舒适。所以，古代的君主为百姓的生活而忧心，国家有受饥饿的人，他在吃饭时就不挑拣食物；国家有受冻的人，他在冬天的时候就不穿裘皮。当年成丰收、百姓富足的时候，他就开始悬挂钟鼓、陈列干戚，君主和臣下同心同乐，国家也没有哀怨的人，所以，古代人制作金钟、石磬、管弦等乐器，是把它们用来表达心中喜悦的；制作兵器、甲胄、斧钺，是用来掩饰愤怒的；举行宴饮、祭祀，是用来传达友善的；穿丧服、系麻绳、穿草鞋，捶胸顿足而哭，是用来表达哀伤的；所有的这些情绪情感都是先充满于人的内心，然后用外在形式化的方式表达出来。

（七）食者，民之本也；民者，国之本也；国者，君之本也。是故人君者，上因天时，下尽地财，中用人力，是以群生遂长，五谷蕃殖，教民养育六畜，以时种树，务修田畴，滋植桑麻，肥墝高下，各因其宜，丘陵阪险不生五谷者，以树竹木。春伐枯槁，夏取果蓏，秋畜疏食，冬伐薪蒸，以为民资。是故生无乏用，死无转尸。

食是人民的根本，人民是国家的根本，国家是君主的根本，所以，君主要上循天时，下尽地财，在天地之中利用好人民的力量。这样就能使万物顺利生长，五谷生长繁茂。教导人们蓄养六畜，按照时节种植树木，修整农田，种植桑麻，根据土地的肥沃贫瘠与高低差异种植适宜的作物，在五谷无法生长的丘陵险地种植竹木。春天的时候砍掉枯死的草木，夏天的时候摘收瓜果，秋天的时候存储蔬菜杂粮，冬天的时候砍伐木柴，用这样的方式满足人民的需要。这样，人民在活着的时候不会缺少生活的用品，死去以后也不会没有葬身之地。

## 三 经典解析：古代理想君主的现实意义

### 1. 中国历史上的理想君主是什么样的？

《主术训》全篇围绕如何做好君主来展开论述。提出了以道家无为而治为主旨的治国原则和具体方法，在无为的逻辑框架中融入了儒家、法家等诸子百家的治国思想。就治国理论的实践特色而言，《淮南子》的作者在这里塑造了汉初黄老道家所构想的理想君主形象及其理想的国家治理状态。

在先秦道家的理想中，好的统治者都施行无为之治，凸显其治国言行中的"无为"理念。在后来的治国实践中，统治者的

"无为"理念之内逐渐融入了儒家内圣外王的圣人品格。之后,中国历史上所推崇的理想君主就以"垂拱而治"为典范。"垂拱而治"最早出现于先秦儒家五经之一的《尚书》中,其中提到:

> 惇信明义,崇德报功,垂拱而天下治。(《尚书·武成》)

这里的"垂拱"指的是垂衣拱手,比喻君主什么也不做,毫不费力就使天下实现大治。

唐代名臣魏征,在写给唐太宗李世民的奏章《谏太宗十思疏》中也提到了"垂拱而治"。原文是:

> 简能而任之,择善而从之,则智者尽其谋,勇者竭其力,仁者播其惠,信者效其忠。文武并用,垂拱而治。何必劳神苦思,代百司之职役哉?

《谏太宗十思疏》中,魏征以自己所理解的理想君主形象劝诫唐太宗如何治理国家。魏征直言,自己理想的君主就是能做到垂拱而治的君主。当然,魏征也指出,垂拱而治的实现,是建立在一些现实可行的基础之上的。这些基础条件,就包括选拔并任用有才能的臣下,并积极听取他们的有效意见。这样,那些有智慧的臣子就愿意献出他们的智谋,那些勇敢的人就愿意付出自己的力量,那些仁德的人就愿意施予他们的恩惠,那些诚心的人也就愿意献出自己的忠心。这样,富有文才武略的臣子们,就都围绕在君主周围,尽己所能发挥自己的特长。统治者则只需要把他们安排在合适的职位上,自己就可以毫不费力地治理国家了。

"垂拱而至"蕴含了道家"无为而无不为"的治国理念。"简能而任之,择善而从之"作为实现"垂拱而治"的前提条件,它所借助的是不同臣子的"智""勇""仁""信"等方面的才能特长。君主在治国过程中,重视臣子的才能,注重在不同的职位上发挥臣子的治国才能。这种治国理念蕴含着儒家积极入世、积极作为的入世思想。这也表明,"垂拱而治"对理想君主的要求完全是兼容儒道的。

其实,魏征理想的君主形象,早在《淮南子》中就已经出现。《淮南子》本就以汉初黄老道家思想为统领,是对诸子百家治国思想的综合贯通,也是对黄老政治在治国实践中的理论总结。在西汉之前,道家的治国思想并没有与现实治国实践相结合的现实条件。汉初的黄老政治则是道家治国理念与治国实践的最早汇通,其中构想的理想君主也是综合儒道两家的早期样态。那么,早期兼容儒道的理想君主是什么样子的呢?《主术训》一开始就给出了答案,那就是:"处无为之事""因循而任下"。意思是说,君主在治国过程中应持守"无为""因循"的根本态度。展开来说,治理百姓要做到不扰乱他们的本然规律,顺应他们的发展需求;要根据职事特点任用合适的臣子,自己则在具体治国职事中以无为自居,督促臣子在他们的职位上发挥好治国才能即可。当然,君主的无为并不只是表现在他的外在言行中,同样还表现在不经常改变国家法度,不放任自己的欲求和权势扰乱百姓生产生活等方面。总体层面,则要求统治者从内心态度到外在言行诸方面都始终遵循"无为"。

如何统御臣子,是《主术训》中着重论述的问题。作者认为,君主在治国过程中绝对不能忽视臣子的作用。君主要想把无为理念发挥为可持续的治国理想,就必然要处理好君臣关系。世人都明白,任何知识渊博、才华横溢的君主也都只是孤身一人,只能代表一个人的能力,发挥一个人的作用,永远都无法取代任何臣下的治国作用。这就要求君主正视自己的能力局限性,并适当发挥臣子的作用。例如,经常听取臣子的谏言献策;发挥臣子的言辩才能使其顺利完成出使别国的任务;发挥臣子在处理国事的过程中引导宾客的作用等。

古人一再强调要选用有才能的臣下,并把他们放在适合的岗位之上。除了对臣下的才能要求之外,还需要考虑他们的道德品性,尤其看重他们是不是为人正直,是不是忠诚之士。他们认为,选用一批忠诚正直的臣子,是统治者实现垂拱之治的必要条件。因为忠诚正直的人,他们忠于自己的职事,在处理具体的国家事宜时,更容易持守积极的价值观,持守公正的处事态度,可以更快速有效地处理国事。

常言道,"水至清则无鱼"。君主如果过于看重自己的名利和权势,奸佞狡诈之徒就容易出现在他的周围。这就要求君主在任用臣下的时候,能对所用之人做到谨慎辨别。如果任人得当,就会使君主周围身处上位的臣子都是忠诚正直之士。这些贤能的臣子会在君主周围形成一层稳固政治的天然保护屏障,使那些奸佞狡诈之辈难以接近君主。究其原因,在于忠正之人和奸佞之徒，他们看待问题、处理事务的方式方法不同，互相之间难以就同一事情达成共鸣。如果把这两类人分为两个不同的群体，则群体之内的成员之间容易达成共鸣，而不同群体之间则难以融合，甚至会出现互相打压、互相排斥的现象。正是因为这个道理，所以，当忠正贤能的臣子围绕在君主周围的时候，会自然本能地排斥奸佞者靠近君主。同时，他们也会借助自己在上位的职能之便，阻止、打压周围出现的奸佞者。贤臣的这种做法，对于实现国家大治是非常有必要的。

君主在任用臣下、管理臣下的过程中，赏罚是他必然要经手的事项。如果用道家"无为"理念来对应君主对臣子适当合宜的赏罚，则道家的"无为"之意就表现为"不妄为"。也就是说，君主在施行赏罚的过程中，要"俨然玄默"，即庄重静默，"不为丑饰，不为伪善"，不对臣下的丑恶行为进行掩饰，也不虚伪行善。而是要谨守赏罚之道，奖赏有功绩的臣子，惩罚犯错或有罪的臣子。反之，如果妄施奖惩，臣子没有功劳却受到奖赏，或者有功劳却不予以奖赏，或者有罪却不予责罚，或者无罪却遭受刑罚。这样，君主管理臣子的奖惩体系就会陷入混乱。臣子会因此对君主的行为心生怨恨，其忠于职事的积极性被扰乱。此时，奸佞者就会伺机扰乱君主言行，国家也会因此陷入混乱。

如果说虚静无为是对君主治国的要求，那么臣子的积极有为就成为保障君主无为的必要前提。赏罚则是联通君主无为与臣子有为的中间桥梁，是君主督促与回应臣子有为的方式，也是激发臣子发挥才能以维护社会上下稳定有序的有效推力。可见,任用臣子来实现"垂拱而治",这是君主在国家事务管理层面践行无为理念的重要依凭。

另外,减少欲求,是《淮南子》作者对君主心性修治方面的劝诫。它既表现为对君主管理自我的内在要求,也表现了借助君主的德性典范来引导臣子、教化百姓的现实需求。《主术训》中直言:"上多求则下交争。"意思是说,君主个人的欲求越多,下面的臣民就多争斗,因为臣民会以满足君主的欲求而做出各种祸乱社会的行为。道家就是看到了这一点,所以才反复强调君主应该减少欲求。老子劝君主"不欲以静,天下将自定"(《老子》第三十七章),庄子呼吁君主"少思而寡欲",《淮南子》的作者提倡君主"求寡而易澹"。他们都将减少欲求作为理想统治者的内在要求与必备品质。其实,减少欲求本身就是君主践行"无为"的表现。这种思想理念层面的认知约束,构成君主在治国行为中的内在牵引力,起着规范其言行的作用。我们此前所提到的静默公平的赏罚方式,其行为外化就是君主的个人欲求和私心在消解之后所做出的"无偏私"的行为。总之,在节制私欲基础上展开的君主治国行为,是保障国家既定法令能够公平有效实施的重要条件。

此外,理想的君主还应该是关怀百姓、体察百姓,并善于教化百姓的。这样的君主才能推动实现百姓生活安居乐业。正所谓"民者,国之本也;国者,君之本也"。国家的根本在于人民,君主的根本在于国家,这样,人民也就间接地成为君主的根本。这与我们通常所说的"水能载舟亦能覆舟"是同一观点的不同表达方式。对于人民来说,他们的根本就是生活能够能到保障。

这就要求君主做到围绕百姓的生计来治理国家、引导人民。当然,其实现方式不是压制与管控,而是顺应百姓生活的发展需求,顺应天道规律来引导人们向善、向好,并在其过程中发挥百姓的力量为社会上下所有人谋幸福。其中关于如何引导、教化百姓,《主术训》中认为,君主可以根据统治阶级群体总结积累的各类知识,来教导百姓蓄养家畜,引导百姓顺应时节来耕作、砍伐、收获、储藏,引导人们在不同的地域以合宜的作物或方法进行生产生活。这样就能使民众有付出就都有收获,生活都能得到保障。

在古代社会,统治阶级与普通百姓一直处于一种不对等的社会关系中。统治阶级的富庶生活,是建立在以政治强权盘剥普通百姓的基础上,收取赋税是统治阶级盘剥百姓的重要方式,所以,君主是否关怀百姓,就突出表现在向百姓收取赋税的法令与态度中。在古人看来,收取赋税是应该的,他们更关注的是,君主在征收税收之前,是否首先把当时民众的收入、饥饱、居所等处境了解清楚,是否在不影响百姓基本生活的基础上征收赋税。对于民众来说,在他们基本需求能有效维持的情况下收取赋税是可行的。反之,在民众基本需求尚且不足的条件下征收赋税,会使百姓生活陷入灾难处境。这种不计民生的赋税征收方式,才是统治阶级被忧国忧民之士历来所诟病的重要问题之所在。人们构想圣贤君主对百姓的态度表现为:如果百姓的生活无法保障,而君主自己的生活舒适无虞,这种情况下,君主就会心生不安与恐慌;如果治下的百姓都能安居乐业,这时候君主再居于华丽宫殿,享用美味佳肴,也就会心安。也就是说,君主能时常忧心治下百姓的生活,把自己的生活安顿与对百姓生活的关怀相联系,这样情况下的赋税收取才是受百姓认可的。

由此可见,《主术训》中所呈现的理想君主主要奉行道家"无为"理念,同时也综合了儒家的"有为"特质。他们少私寡欲,治理国家依循精简国事;他们善于选用贤能,任用品行忠正的臣子;他们在赏罚政令执行的过程中,能够做到中正不偏私;他们关怀普通百姓的生活,在保障其生活的基础上收取合宜的赋税。这样的理想君主,是道家"无为而无不为"的践行者,同时,也是臣子"有为"和百姓"自强"的守护者与支持者。该君主形象最早出现在《淮南子》中,并逐渐发展为受到后人肯定的理想君主形象,是中国文化史上理想人格形象的典型样态。

## 2.《主术训》中的治国理念对现代管理思想有什么样的启示?

君主的治国方式、方法,与现代领导者的管理智慧是相通的。君主治理国家的过程,其涉及的是如何管理好众臣子的问题。君主处于一众臣子组成的国家管理团队的顶层,处于国家领导阶层的核心位置。君主的工作日常,就是选用合适的臣子,将他们分别安置到管理不同事务的岗位上,同时,协调好不同臣子之间的工作,从而维系好统治阶层的群体稳定与治国效力,实现国家繁荣、稳定、有序的发展。现代管理智慧,同样关注领导对手下之人的任用、督促,及其对团体工作能力、工作效率、工作秩序等的维护。可见,古代的君主和现代的领导者,他们在团体引领与维系诸方面的理念、思维和实践是互相通联的。

《主术训》中蕴含丰富的君主治国智慧,它们对于现代管理思想具有重要的借鉴价值。总体而言,《主术训》中的治国思想,对管理者的启示主要包括两个方面:一是领导者的自我修养问题;二是领导者在领导与维系团队的过程中,所运用的方式、方法问题。

领导者的自我修养主要体现在,管理团队时如何节制与平衡自身的利欲、偏私、喜好,以及是否能做到适时体察与关怀下属。首先,我们来谈论一下君主与领导者需要节制与平衡自身的利欲、偏私、喜好的问题。君主要管理臣子,领导要管理团队,对君主和领导者的一个重要要求,就是能够平衡好群体内部不同成员之间的利益。对于君主来说,内心要保持"无私轻重""无私曲直""无私好憎",不被主观私欲所干扰,然后才能在管理臣民的过程中做到"不为丑饰,不为伪善,一人被之而不褒,万人蒙之而不褊"。这就启示现代身处团队核心的领导者们,用公平、不偏私的心态来对待所有团队成员。反之,如果领导者把自己的利益喜好掺杂到管理的评判中来,他的管理行为就会成为牵引群体为自己的主观私心服务,而不是凝聚众人之力为集体,甚至为国家的更高远价值目标服务。同时,领导者的私心也会引发周围人的不满,打击团队成员的工作积极性,最终会使工作团队混乱,工作效率降低。领导者内心修治不当的管理结果,与君主不当管制下出现"群臣怨,百姓乱"的逻辑是一致的。

其次,领导者的自我修养,还表现在对下属的感性关怀中。领导体察与关怀下属,是保障领导者管理行为有效实施的重要推动力量。透过关心、体察下属的行径,可以看到管理者所具备的人文关怀品质。人类社会是有温度、有人情味的社会,人类社会的运作,并不是像机械那样按既定的设置模式冷冰冰地转动。所以,在管理团队的过程中,领导者需要把自身有温度、有情怀的一面展现出来,而不是像管理机器那样不通人情,保持冷漠。那么,领导者的温度和情怀应该如何外显呢?《主术训》中把百姓生活中常见的温饱问题、收入问题、安居问题等是否有保障作为参照,来反观君主的态度。认为好的君主会根据百姓的生活状况,来适当调整一些具体治国措施。而那些不合格、受人唾弃的君主,是不体察百姓生活,为了自己享受而不断压榨百姓的君主。联系到现代的管理问题,领导同样需要关注下属的生活情况、心理状态,确保他们把自己的基本生活问题调整有度,是在没有基本生活顾虑的情况下来安心工作。反之,如果毫无人情味儿的一味迫使下属工作、加班,压榨他们的时间和精力,这就与俗语常说的"万恶的资本主义""万恶的旧社会"没有根本差别。这种不体察、不关怀下属的管理方式,会为整个团队的工作效率和有效发展埋下隐患。因此,体察与关怀工作团队中不同成员的心态,为他们提供适时的帮助与引导,维系有温度、有情怀的工作群体氛围,这才是古往今来的理想领导者样态。

《主术训》中提到了许多君主治国的具体方式、方法问题。这些方式、方法启发现代领导者在应对团队的具体管理问题时,要做好团队成员的品性考量、人员任用、规章落实、赏罚实施等诸多方面的工作。

首先,面对不同岗位及其涉及的不同事务,领导需要选拔、任用合适的人才。不同的人,他们所擅长的方面不一样,具备不同才华、特长的人,适合安排在同一团队的不同岗位上。这就需要领导能准确把握不同岗位对人才能力的需求和匹配状况,把握所任用之人的能力和品性。一般情况下,一个人的突出才华更容易引起领导的关注,而他的品性问题相对来说容易被忽视。一个人的品性问题,涉及正面或负面的个人品德、价值观、作风等方面。通常来说,团队之内任用的品性端正、价值观积极向上的人越多越好。团队之内价值观扭曲、作风口碑差的人多了,往往不利于建构好的群体工作氛围,不利于群体成员之间的协作互助效率提升。所以,领导者需要擦亮眼睛认真鉴别,尽可能不任用那些品性差的人,尤其是在一些管理的重要岗位上要任用德才兼备的人。其中缘由,就像《主术训》中所说的那样,君主周围围绕着一大批忠正贤能之士对有效管理国家更为有益,而奸佞之辈则更易于引发乱政乱国。现代的领导者们应该以此为参照,认识到集体力量的凝聚与稳定发挥,更多的是建立在一众品性端正、才德兼备的群体成员之上,而不是其他。

其次,是领导者在团队管理的过程中,如何践行与维护法治规章的问题。团队运作必然有自己的规章制度,它们是督促成员有效工作的方向引导与行为规范。故而,团队成员是否遵守工作中要求的制度规章,就构成管理者考量下属的重要内容。成员对工作规章的践行与否,及其实现的工作成就或引起的错漏,就构成领导者实施赏罚的重要依据。《主术训》中认为,君主在赏罚臣下的过程中,需要保持庄重静默的态度,做到"赏贤罚暴""不为丑饰,不为伪善"。其实,这样的赏罚态度,在现代管理中同样有效。要奖赏就奖赏那些工作积极、成绩突出的成员，而不随意奖励没有功劳、缺少业绩的人。同样，惩罚下属，是惩罚那些扰乱正常工作秩序者，对那些造成负面影响的成员和行径，则应采取不无视、不包容、不偏袒的态度。这样才能一方面使那些积极努力的成员得到肯定，激发其他人的积极工作态度；另一方面，使情绪负面、工作懈怠的成员谨记教训，不再重复犯错。通过这种赏罚措施的引导，可以让一些投机分子谨言慎行，进而引导他们端正工作态度、积极作为。

此外，《主术训》中的君主，以"无为"的方式维系臣子作为，通过"无为"与"有为"相间、君主与臣子协作的方式治理国家。在现代管理思想中，领导者与下属同样要反思工作中的"有为"与"无为"问题。在现代社会，人们越来越认识到团队成员之间合作的重要性，看到任何人都难以凭借一己之力来完成所有的工作。这就需要管理者引导、协调好群体中的不同个体力量，借助集体的智慧来完成工作。在遇到一些工作中的具体问题时，不要高估自己的能力而贻误工作，也不要在工作中争抢功劳，而是按照个人能力和劳责分工，把工作任务分配给能力与职位匹配的下属。换句话说，领导者虽然在团队中拥有一定权势，具有一定的话语权，但对于那些不属于能力范围之内的工作，要做到"无为"。同时，也要鼓励、支持、协助那些合宜的团队成员积极作为。

我们这里分析阐述了君主的治国思想对现代管理智慧的现实启发。其实，这里所说的君主与管理者，他们在对下属的管理和任用中具有很多相似之处。不同之处在于，君主管理的范围更广、管理的下属更多。现代的普通管理者所管理的下属则相对要少很多,管理的事项范围也以团队工作为中心,比国家整体事务涉及的内容要少很多。但他们都是以自己的权势所辐射的范围为场域,从而展开对一众个体的管理、引导、督促与平衡。

**3. 普通人有必要用理想君主人格规范自己吗?**

很多现代人,在学习古代思想的时候,都会产生这样的疑问:时代早已变迁,我们也并非圣贤,既然如此,我们普通人还有必要继续学习古代思想,用古代理想君主的人物特征来规范自己吗?答案当然是肯定的。《主术训》中的治国思想蕴含丰富的人文智慧,用这些思想智慧进行自我规范、自我管理,对于提高自我修养、提升自我能力,具有重要的现实指导意义。

君主治理一个国家,领导管理一众下属,他们都是借助权势,在关系不对等的条件下展开的上下级管理。普通个人之间的相处则不同。离开工作群体约束的现代人,既有现代平等价值理念的引导,也有法律的监督保障。在这种情况下,君主治国智慧与个人日常言行规范又有什么样的关系呢?其实,古代的国家管理,现代的领导管理,现实中的自我管理,这三者分别是管理圈群逐渐缩小的表现。在普通人的自我管理中,被管理对象其实就是个体自我,是无法继续缩小的单元个体。或许我们会疑惑,既然对于我们普通人来说,管理者是自己,被管理者也是自己,那这里的管理智慧又是如何体现出来的呢?其实,君主的管理智慧,对于我们普通人的认识自我、管控自我情绪、处理人际关系、规划生活理想等方面,都具有积极的指导意义。学习并践行君主的治国智慧,可以使普通人提升自我修养、提高处理事务的能力,使人们以更加积极完满的方式涵养生命、经营生活。

首先,《主术训》中理想君主的修养,启发我们时刻认识自己,平衡好自我理性认知与感性欲求的关系。古人心中理想的君主具有欲求淡泊的特征,认为君主淡泊才能在管理臣下的过程中做到不偏私。不只是君主,普通人也同样应该用理性审视自己的感性欲求,避免因过度追逐私欲而在名利场中迷失自我。就主观欲求本身来说,它与自我对名利的执着相关,是在人的感性需求和理性约束不平衡的情况下所形成的。一个人对感性私欲的纵容,潜藏着引发生活困扰、生命困境的危机。以我们常见的口腹之欲为例,面对周围种类繁多的美食,很多年轻人都会出现饮食口味过重、饮食过量、饮食不均衡等问题,无法用饮食健康来约束自我,最终引发肠胃不适、身体肥胖等身体病症,危及自身健康。这种过度追逐口腹之欲而损害健康的行为,是在人们内心私欲驱动下,使健康理性让位于感性欲求的表现。这时候就需要我们及时认识与反思自己的身体状况,用生活理想和健康理念规范行为,理性饮食、健康饮食,这样才是对生命的健康可持续负责。在饮食之外,我们还有很多生活细节需要管理、应对,它们多少都会涉及个人感性因素的管理、控制。这就需要我们在遇到事情的时候能够管理好自己的情绪,就像古人理想的君主那样,遇到事情保持静默、淡泊,以冷静的心态去应对万千变化,冷静下来才能让理性回归。无论君主,还是普通人,都具有主观能动性,都会出现情绪波动,而这种冷静的心态和淡泊的情绪有助于减少感性因素的干预,促使人们以更为客观、理性的方式应对生活中的诸多事务。

其次,君主和管理者要处理自我与下属之间的关系,普通人则需要处理自身与家人、朋友、同事等的关系。他们在处理人与人之间关系的过程中,在如何看人、如何建立人际合作等方面的智慧是互通的。例如,君主在任用臣下时,需要考虑臣下是否具备忠正品质与处事才能;普通人在交朋友的时候,同样也会考虑到对方的品性与才华。君主"无为"与臣子"有为",相互协作来治理国家;我们在与周围同事相处时,同样也要考虑各自的分工与合作问题。君主收取赋税要考虑到百姓的收成、生计、温饱等生活可持续问题,这其中不仅需要一些数据分析和推理,同样也包含统治者站在民众角度的换位思考;我们在与周围的家人、朋友、同事相处时,也需要时常站在对方的角度看问题,以减少相互之间的矛盾。

此外,君主治理国家要放眼长远,考虑国家的长久稳定与可持续发展;普通人在经营自己生活的过程中,同样需要这种动态、有机、可持续的发展意识。

每个人都是经营自我生命的君主。管理一个国家或者一个群体固然重要,但这种管理主要面向的是一种非对等的上下级关系。经营自己的生活则是在现代自由、平等的社会关系中展开的小范围管理。个人的生活经营、生活管理固然涉及的范围小,但其管理、经营的好坏直接关系到我们的生活质量、生命质量。因此，普通人同样有必要在理想君主的人格形象中，抽取那些积极有益的部分来规范、引导自己的言行。文化史上君子与圣人的品质内涵，是经过几千年的文化锤炼与积淀所形成的。它们早已超越了古人文字阐述的字面意义，通向所有人的生命营构方式，引导普通大众向善而行、向优而行。虽然现实中的人们可能永远都无法实现那些理想人格形象所代表的完满处事方式，但只要人们做到不断以他们的品性和言行来规范自己、完善自己，这些人物典范存在的现实意义自然也就实现了。

# 第八章 《齐俗训》选粹

## 一 正视差异性

《齐俗训》中"齐"指齐一、齐同;"俗"指风俗、礼俗。在本篇内容中,作者指出,不同时期、不同地域的社会风俗和制度礼仪都各不相同,借此引导人们正视相互之间的差异性。整体来说,本篇的思想内容,蕴藏着动态的发展观与包容的认知态度。

对于熟悉《庄子》的人来说,看到《齐俗训》这一篇名,自然而然就会联想到《齐物论》。《齐物论》是庄子表达思想的核心篇章,庄子站在"道"的视域审视万物,秉持万物齐同的思想观念,把自然万物和人置于平等的地位。《齐物论》中蕴藏的平等思想,虽然在古代政治体系中难以付诸实践,但作为一种生活理想与精神期盼,在思想文化领域却被保留并延续下来。

其实,《齐物论》中的认识论立场,正是《齐俗训》的立论出发点。《齐俗训》把庄子哲学中的平等理念与秦汉以来现实中的文化、制度、风俗等方面的差异性相结合,形成了一种承认差异性、平等看待差异性的认知立场。同时,《齐俗训》在治国思想中,注入了包容差异性的宽容治国理念。这种从先秦思想中攫取优秀文化元素来丰富治国思想体系的理论发展路径,正是《淮南子》的著书目的,同时也是其建立在现实关怀基础上的文化生命力之所在。

## 二 原文节选与释义

(一)率性而行谓之道,得其天性谓之德。性失然后贵仁,道失然后贵义。是故仁义立而道德迁矣,礼乐饰则纯朴散矣,是非形则百姓眩矣,珠玉尊则天下争矣。凡此四者,衰世之造也,末世之用也。夫礼者所以别尊卑,异贵贱;义者所以合君臣、父子、兄弟、夫妻、朋友之际也。今世之为礼者,恭敬而忮;为义者,布施而德。臣以相非,骨肉以生怨,则失礼义之本也,故搆而多责。夫水积则生相食之鱼,土积则生自穴之兽,礼义饰则生伪匿之本。夫吹灰而欲无眯,

**译文**:遵从本性而行叫作道,得到天性叫作德。本性丧失,然后才推崇仁,道丧失,然后才崇尚义。所以,当仁义立起来,就表明道发生了变迁。礼乐施行,就表明纯朴消散了。是非观念显现,就表明百姓迷惑了。尊崇珠玉,就表明人们有纷争了。这四者都出现于世道衰落的时候,在末世被运用。礼本来是用于区别尊卑、划分贵贱的,义本来是用来协调君臣、父子、兄弟、夫妻、朋友之间关系的。但如今讲礼节的人,外表看似恭敬内心却在嫉恨;讲义的人,向他人布施恩惠却希望能获得回报。君主和臣子之间互相非难,骨肉之间互相怨恨。失去了礼义原本的意义,人们之间因此而互相结怨、互相指责。水积聚成潭,就会生出互相吞食的群鱼;土堆积成山,就会生出互相残杀的野兽;用礼义修饰,就会产生伪善邪恶的人。尘土吹起却不愿眯眼,涉水过河却不愿湿脚,这是不可能的。

涉水而欲无濡,不可得也。

（二）故愚者有所修,智者有所不足。柱不可以摘齿,筳不可以持屋,马不可以服重,牛不可以追速,铅不可以为刀,铜不可以为弩,铁不可以为舟,木不可以为釜,各用之于其所适,施之于其所宜,即万物一齐而无由相过。夫明镜便于照形,其于以函食不如筐,牺牛粹毛宜于庙牲,其于以致雨,不若黑蜧。由此观之,物无贵贱,因其所贵而贵之,物无不贵也;因其所贱而贱之,物无不贱也。

（三）羌、氐、僰、翟,婴儿生皆同声,及其长也,虽重象狄鞮不能通其言,教俗殊也。今三月婴儿生而徙国,则不能知其故俗。由此观之,衣服礼俗者,非人之性也,所受于外也。夫竹之性浮,残以为牒,束而投之水则沉,失其体也。金之性沉,托

因此,愚笨的人有他的长处,智慧的人有他的不足。木柱不能剔牙,细枝不能撑起房屋;马不能负载重物,牛无法快速奔跑;铅不能用来制刀,铜不能用来造弩;铁不能用来造船,木头不能用来做锅。事物各有它们适宜的所在,只有把它们放在适宜的地方,才能各自齐同地发挥它们的用处。明镜适合照人,如果用它来盛放食物就不如筐;毛色纯正不驳杂的牛用于祭祀,如果是用来祈雨,就不如黑蜧。由此看来,事物并没有贵贱的区别。如果从它们贵重的一面来看,万物就没有不贵重的;如果从它们卑贱无用的一面来看,万物就没有不卑贱无用的。

羌、氐、僰、翟族的婴儿哭声都是一样的。他们长大以后,通过翻译来沟通,但他们还是不能弄懂对方的语言。这是因为他们所受的教养和习俗不同。现在把三个月大的婴儿迁到别的国家,那么他长大以后就不能知道故国的风俗了。由此看来,衣服、礼仪和风俗这些东西,不是人的本性所在,而是受外在影响而形成的。竹子的特性是能漂浮在水上,把它砍削成竹片,捆绑在一起再扔进水中,它就会沉到水下,因为砍削破坏了它的特性。金

之于舟上则浮,势有所支也。夫素之质白,染之以涅则黑,缣之性黄,染之以丹则赤。人之性无邪,久湛于俗则易。易而忘本,合于若性。故日月欲明,浮云盖之;河水欲清,沙石秽之;人性欲平,嗜欲害之。惟圣人能遗物而反己。

（四）所谓明者,非谓其见彼也,自见而已。所谓聪者,非谓闻彼也,自闻而已。所谓达者,非谓知彼也,自知而已。是故身者道之所托,身得,则道得矣。道之得也,以视则明,以听则聪,以言则公,以行则从。故圣人裁制物也,犹工匠之斫削凿枘也,宰庖之切割分别也,曲得其宜而不折伤。拙工则不然,大则塞而不入,小则窕而不周,动于心,枝于手而愈丑。夫圣人之斫削物也,剖之判之,离之散之,已淫已失,复

属的特性是在水中下沉,把它放在船上就浮在水上了,它下沉的趋势就有了支撑的力量。生绢是白色的,用黑色的染料可以把它变黑。黄绢是黄色的,用朱砂染就会变红。人的本性是没有邪恶的,长久耽溺于世俗中就会改变。改变就会忘却本性,与改变之后的特性相合。所以,日月想放光明,浮云却把它遮盖;河水想清澈,沙石却使它浑浊;人的本性平淡,嗜欲却把它损害。只有圣人能抛弃外物干扰,返回到本性。

所谓的明,不是能看清别人,而是能看清自己。所谓的聪,不是能听清别人,而是能听清自己。所谓的达,不是能懂得别人,而是能懂得自己。所以,身体是道的寄寓之处,身体能贯通道,道就在人身上安居下来。人悟得道,以道来看则看得明晰,以道来听则听得清楚,用以言说则公允,用以行动则畅通无阻。所以,圣人处理事务,就如同工匠砍削榫头,厨师宰杀牲畜那样,砍削动作恰到好处,不会损伤刀斧。笨拙的工匠却不是这样的,(砍削的榫头)大的塞不进孔洞,小的塞不满孔洞,越是心神不安,动手慌乱,手中之物做得越糟糕。圣人砍削万物,剖判有序,离散有方,散开的不同部分能合成整体,离开本根,又能再次返回,雕琢过后还可以返回质朴。合成整体是道德,离散而开成为仪表。它转动能进入玄冥状态,它离散开不着行迹。礼义节行,又哪里能在根本上治理好国家呢?

揆以一，既出其根，复归其门，已雕已琢，还反于朴。合而为道德，离而为仪表，其转入玄冥，其散应无形。礼义节行，又何以穷至治之本哉！

（五）夫以一世之变，欲以耦化应时，譬犹冬被葛而夏被裘。夫一仪不可以百发，一衣不可以出岁。仪必应乎高下，衣必适乎寒暑。是故世异则事变，时移则俗易。故圣人论世而立法，随时而举事。尚古之王，封于泰山，禅于梁父，七十余圣，法度不同，非务相反也，时世异也。是故不法其已成之法，而法其所以为法。所以为法者，与化推移者也。夫能与化推移为人者，至贵在焉尔。

（六）天下是非无所定，世各是其所是而非其所非，所谓是与非各异，皆自是而非人。由此观之，事有合于

一个时代变化所形成的风俗，想让它继续契合于不断变化的不同时代，就如同冬天穿葛衣、夏天穿皮衣。箭弩上校准方向的把头不能连续不间断地发射一百次，一件衣服不能持续穿一年以上。箭头射出的方向必须要根据高低需求来调整，穿什么样的衣服也需要与寒暑天气相适应。所以，时代变了，事情也会随之变化；时代变迁，风俗也会随之变易。故而圣人根据世道变化来设立法规，随着时势变化来行事。上古时期的帝王，在泰山祭天、在梁父祭地的有七十多位圣人，他们的法度各不同，不是他们有意相反，而是时代、世态不同。所以，不能效法他们既定的成文之法，而要效法他们之所以立法的根本。立法的根本，是顺应变化、与世推移。能够顺随时势变化而不断变化的人，最可贵的精神就在其中了。

天下的是非没有固定标准，世上的人各自肯定自己所认可的，否定自己所不认可的。他们所认为的是非各不相同，都是肯定自己否定他人。由此来看，事情有符合自己认知的，但没

己者,而未始有是也;有忤于心者,而未始有非也。故求是者,非求道理也,求合于己也;去非者,非批邪施也,去忤于心者也。忤于我,未必不合于人也;合于我,未必不非于俗也。至是之是无非,至非之非无是,此真是非也。若夫是于此而非于彼,非于此而是于彼者,此之谓一是一非也。此一是非,隅曲也;彼一是非,宇宙也。

有确切的正确;有不符合自己认知的,但没有确切的错误。所以说,追求正确,并不是追求真理,而是追求合于自己认知的东西;摒弃错误,并不是在排除邪恶,而是排除忤逆于自我认知的东西。与自我认知相逆,不一定就不合于别人的认知;合于自己的认知,未必就不会遭到世俗的非议。最正确的"是"是没有错误的,最错误的"非"是没有正确可言的,这才是真"是"真"非"。如果这里认为正确而那里认为错误,这里认为错误而那里认为正确,这些是相对的是非。这种是非,适用于偏僻的角落,而真正的是非是充满宇宙的。

## 三 经典解析:平等与发展的观念

在刘安等人看来,"道"和"德"这些在根源之处成就人的东西被遮蔽,仁义礼乐等外在约束兴起,人的内心伪诈滋生,这些构成《齐俗训》中阐发思想的现实背景。封建社会时期,社会等级秩序严明,人与人之间的身份不平等,世俗中的是非对立争论不休,社会上下随处可见差异、不平等现象。这种社会现象的维系,与当时社会的政治理念和文化认同有关。

最早反思社会差等思想的是庄子,他在反思的基础上,着重批判了这种政治文化潜藏的不合理性。在庄子的影响下,淮南国的学术群体,通过独立的《齐俗训》篇章来反思弥漫于社会的差等思想,引导人们回归"道"的秩序本原,关注社会平等理念的重要性。在他们看来,统治阶级能否认识到不同的人、事、教化、风俗的平等性,能否以同等的态度接纳它们、包容它们,这对于治理国家非常重要。当然,《齐俗训》中并没有把这些平等理念局限在特定的政治领域,而是认为它们在不同时代、不同领域、不同人群中都具有普适性。总的来说,《齐俗训》中的平等思想,是对庄子思想的延续与发展,是汉初思想智慧的重要组成部分。

## 1. 《齐俗训》是在什么样的文化背景下写的?

无论是庄子讲"齐物",还是刘安讲"齐俗",他们都是基于一定的现实背景。他们二者对现实背景的共同认知就是"衰世",即世道衰落。先秦思想家用世道衰落表现其对社会整体发展趋势的反思。他们认为,上古时期社会稳定和谐,人们安居乐业,后来却一步步向着动乱发展,人们的生活也更加不稳定。在批判世道衰落的背后,表现了思想家们对国家安定、社会有序、百姓安然的生活状态的向往之情。其中,儒家称赞尧舜禹时期以及文王之治时期的社会。儒家认为,当时的君主大多是圣贤,他们治下的社会和秉持的政治思想也都是非常美好的。这种思想认知直接影响到孔子的著书态度。他坚持"述而不作",意在记述周文王时期的治国思想与方式,希望用这些完满的制度理念来规范社会秩序、止息社会战乱。道家则把理想社会追溯到更久远的上古传说时期。他们把当时社会蒙昧、人与自然和谐共存的人类发展阶段,称为"赫胥黎之时""至德之世""建德之国"等,并认为尧舜禹时期,以及后来的西周、东周则每下愈况。虽然,先秦儒家与道家所追溯到的理想社会分别属于不同的历史时期,但他们在审视社会发展路径的过程中,不约而同地选择世道衰落的逻辑认知。同时,他们反思社会问题的起点,都在于世道衰落之后的现实处境。而先秦时期的社会现实,正是他们思考社会发展规律的共同起点。

在刘安所处的西汉初期,诸侯国全都成为中央统一政治集权下的属国。此时诸侯国之间没有战争爆发,而是在统一的国家内部施行稳定有序的管理和发展。然而,看似平静的政局背后,同样潜藏着不同国家和权力之间的冲突、博弈。刘安与淮南国的历史命运,正是这种权力较量过程中的实践外化。所以,身处政局之中的刘安,自然能洞悉到稳定社会背后潜藏的不稳定因素。

总体而言,刘安对社会发展的认知,延续了先秦世道日衰的逻辑立场。《齐俗训》中把尧治理天下时百姓安居的场景作为阐发思想的重要参照,认为"衰世""末世"的出现源于"道""德"的溃散。《齐俗训》中认为,"道"和"德"分别是人们的本性和天性,因为这二者的丧失才会出现世道日衰。同时,"道"和"德"的丧失,还伴随着"仁义""礼乐""是非"和"珠玉尊"等人为约束运用和社会纷争的出现。因为人类早期社会是没有仁义、礼乐、是非这些概念的,后来人们创造出它们,并用它们来协调人与人之间的关系,来维系社会稳定发展。也就是说,仁义这些东西,它们一开始的创设目的是积极的,是值得肯定的。然而,在人们后期运用的过程中,它们逐渐丧失了本来的意义和功用。最终,出现了"今世之为礼者,恭敬而忮;为义者,布施而德。臣以相非,骨肉以生怨,则失礼义之本也,故构而多责"。意思是说,讲礼节的人,外表看似恭敬内心却在嫉恨;讲义的人,向他人布施恩惠却希望能获得回报;君主和臣子之间互相非难,骨肉之间互相怨恨。在这种情况下,仁义、礼乐、是非等失去了它们原本的意义,反而在推动人与人之间互相结怨、互相指责。

人类社会从早期的尊道贵德,到后来创立仁义礼乐等思想来规范社会秩序,再到后来仁义礼乐等思想背后滋生出虚伪、邪佞等社会反面现象。这些构成《齐俗训》中所谈世道衰落的演变逻辑。在古代的思想家们看来,这些伪善的出现,是对世道衰落的最好证明。对此,《淮南子》的作者坦言:"夫吹灰而欲无眯,涉水而欲无濡,不可得也。"一旦尘土吹起来,人都得眯眼,涉水过河必然会沾湿自己的脚,这是无论人们愿意与否都需要正视的。这句话背后隐含的意思是,社会发展到如今,仁义礼乐等观念在社会上已经有了很深的文化根基,因此,摒弃它们、绕过它们都是不现实的。在这种情况下,最好的应对方式就是正视它们,并在对其进行全面认识与反思的基础上思考应对之策。

## 2. 怎么样才算做到了用齐同的视角看人看物?

庄子在《齐物论》中,站在"道通为一"的视角审视万物,最终得出万物齐同的结论。庄子认为,任何人,只要是站在个人视角来看人或看万物,都会不约而同地走向"自贵而相贱"。所以,他认为我们应该正视这种视角的狭隘性,转而选择"以道观之"。这样,当我们再次看自然万物的时候,就可以把它们放置在一个与自身平等的关系中,以更为客观、公允的立场来认识它们。在"道观"的基础上,庄子进一步反思了言辩问题,指出真正的"辩"是没有过多言说的,即"大辩不言"。他认为,论辩之时,人们对是非各执己见,而与"道"相比,论辩与是非,这些都只是一些细枝末节的东西。它们耗费了人们的大量时间和精力,却最终让人们迷失于生活的繁乱之事而找不到本原。对此,他指出,与细枝末节对应的是"道",关注是非论辩,不如直切"道枢"。所谓的"道枢",是指道的枢要、核心。因为"枢始得其环中,以应无穷",只有把握到"道"的核心,立足根本来应对诸事与万物,才可以冷静坦然地应对生活中的一切变化。

总体而言,《齐俗训》对庄子的"齐物论"思想持肯定态度。不同之处在于,《齐物论》属于哲学层面的认识论反思,而《齐俗训》是站在现实功用的视角,分析其存在的合理性。这里所说的现实功用,既包括对自我价值意义的肯定,也包含对其他人与物的价值意义的认可。其实,庄子所说的"自贵而相贱"现象,在我们周围随处可见。具体表现为,我们习惯于肯定自己的价值,却容易陷入一种以自我为中心的认知惯性。用这样的不平等立场来评判其他人与物,自然会出现肯定自我多于肯定外物的情况。

《淮南子》的作者们看到了社会上普遍存在的这一问题,故而用更贴近社会生活的方式来阐述庄子的齐物思想,来提醒人们纠正这种狭隘的认知视域。刘安等人认为,我们在看人识物的过程中,应该将其分别放在适宜的场域中,正视其所擅长的方面,从而得出"因其所贵而贵之,物无不贵也"。也就是说,从人和物所贵重的方面来看待,他们都是贵重有价值的。正视人和物的贵重方面,肯定其功用价值。这种看人识物的方式,显然跳出了个体的狭隘视域,站在了相对客观的立场。正视不同人、不同事物的优势,这样,其存在就都是值得肯定的。当然,这些受到肯定的人与物之间,其价值并没有被差等化,而是表现为在需要之处,人和物的重要性是同等的。其实,这种价值、功用无差异的看人识物方式,主要关注的是在适宜的地方发挥特长。看到了人和物在适合的地方都是有用的、有价值的,是其他事物所无法取代的。就像明镜适合照人,但是如果用它来盛放食物就不如筐;同样,毛色纯正的牛可以用来祭祀,但如果是用来祈雨的话,就不如黑蜧这种传说中可以兴风雨的神蛇了。用明镜照人,用筐盛放食物,用毛色纯正的牛祭祀,用黑蜧祈雨。这些不同事物在特定的场合与需求下表现出独到的契合性,从根本上来说,它们之间显然没有谁比谁更重要一说。

当我们转向用平等视域看人看物,必然会面临对传统是非观念的思考。对于常见的"何为是""何为非",我们又该如何应对呢?《淮南子》的作者认为,我们应该跳出对那些是非对立的纠结,用"合于己""忤于心"的主观意识重新思考问题。在现实生活中,人们都有自己所坚持的观念意识,同一件事经常会出现"忤于我,未必不合于人也;合于我,未必不非于俗也"这样的认知分歧。一些事情符合我们自己的认知,但却不符合别人的认知;有的事不符合我们自己的认知,却符合别人的认知。这样,同一件事情在不同人那里就会产生分歧。社会上的分歧多了,就会使我们对"是与非"的界定出现混乱。人们为了用自己的观点说服别人,就会出现人与人之间的争辩。在《齐物论》和《齐俗训》中,作者看到了这种争辩的格局狭隘性,看到了这样的争辩永远没有终点,永远辩不出最后的一致结论。因此,他们二者一致认为,解决争辩最好的方式就是跳出是非差异的认知立场,放弃争辩,这样才有机会接近真正的是非。

如果我们一定要追问究竟什么是真正的是非,庄子会说:"因是因非,因非因是……是亦一无穷,非亦一无穷。故曰莫若以明。"意思是说,是非相生,永远没有穷尽,所以不能用世俗的是非标准来论辩评判。摒弃是非之别,用空明若镜的自我内心来关照万物才是可取之道。《淮南子》的作者则会告诉我们:"若夫是于此而非于彼,非于此而是于彼者,此之谓一是一非也。此一是非,隅曲也;夫一是非,宇宙也。"没有非的是才是真的是,没有是的非才是真的非。那些世俗所谓的是非都是狭隘的,真正的是非是没有边界、充满宇宙的。可以看出,无论是庄子,还是汉初淮南国的学术群体,他们都竭力反对世俗中非此即彼的认知立场,而是坚持一种整体思维的认知方式。同时,他们主张消解对立,主张放弃是非争辩,把蕴含平等、和谐、无差异的认知态度,看作理想的处世方式。

在西方文化中的认知理性和数理逻辑冲击下,我们越来越习惯于把是与非、肯定与否定、有用与无用等概念放在对立相反的角度来争辩。之所以说它们对立、相反,是因为对一方的肯定和坚持,就意味着对另一方的否定和放弃。然而,现实生活中的很多事,并非用这种方式就能看得清、解决得好。如果换个角度，换个场景，我们就会发现那些曾经被否定的东西所具有的肯定价值。当然，在识人用人方面也是如此。自古以来，很多人都明白，肯定一个人的能力就要把他放在所擅长的领域，这样才能最大限度地发挥其才能。这个道理说起来容易，但真正实践起来却很难。它最难的地方，就在于我们如何能冲破以自我为中心的认知立场。也许，正是为了用源源不断的思想张力，把人们牵引向积极、周全的认知立场，所以，道家在《齐物论》之后继续发展出了《齐俗训》。古往今来的很多人，都以这种通过平等视域认识人、认识物的态度立场来鞭策自己，但很少有人能做到完满。作为一种理想化的思想理念，它不断地指引人们成就更优秀的自己。这也是道家智慧的永恒价值之所在。

## 3. 人性、教化、习俗是否存在差异，该如何看待和应对？

《齐俗训》中提到了作者们对人性善恶问题的思考。其实，早在先秦时期，思想家们就已经对人性善恶问题展开过深入思考，并主要形成了三种不同的观点。观点一，人性本善。这一观点最早由孟子提出，认为所有人在一开始都是本性向善的。至于后来出现的非善问题，只需要通过后天教化让人们返回到本性，发挥本性，这样就算完满了。观点二，人性本恶。性恶论最早是由荀子提出来的。荀子认为，人的本性中蕴含恶的一面，需要发挥好道德修养等层面的教育，从而使人们的言行处于一种积极合宜的状态。观点三，人性无善无恶。这是告子提出的观点，认为人性无善无不善。"人性之无分于善不善也，犹水之无分于东西也。"说的是，人性本来就没有善与不善的分别，就像水本身没有东西方的区别，人性的善恶，水的东西，这些都是人给它们区别与定义的。人的善恶之别的出现，源于后天的教养。后天教化把人导向善，就能成就其善，导向恶则成其为恶。总之，人的善恶皆是由人出生之后的后天引导来决定的。可以看出，这三种关于人性善恶的观点中，都把后天的教育作为人之为人的关键所在，而其对教育的主要分别，是针对把人"导向善"或"导向恶"的两种不同展开方式。

《淮南子》的作者，在综合先秦时期三种人性论的基础上，沿着告子的人性无善恶思想展开进一步探讨。从根本上来说，《淮南子》中坚持的是"人之性无邪，久湛于俗则易"。刘安等人认为，人性无善无恶，而人的善恶之别，是长期耽溺于世俗浸染的缘故。对此，列举了这样一个例子来说明："夫素之质白，染之以涅则黑，缣之性黄，染之以丹则赤。"意思是说，用不同的染料可以把生绢染出不同的颜色。作者意在借此说明，一个人受到世俗中的不同教化、风俗影响，可以形成不同的后天能力、习性与品德。这样，后天的教养和各地的风俗，就成为认识人们成长变化的重要参照。

联系到《齐俗训》的标题，可以看出，作者们对于这些不同的习俗或教化所持的是齐同、无差等的态度。认为它们是外在于人的客观存在，彼此之间并没有优劣差等之别，它们就如同不同地方的语言、不同颜色的染料，谁又能说得清哪个好，哪个不好呢？

教化的目的是把人们的生命与生活导向积极、完满，但也有一些观念和风俗可能会把人们推向消极或恶的一面。这样，后天的教养、习俗在塑造人的过程中,本身就蕴藏着向善与向恶的两种可能性,因此,认识一个人,就应该从他的根本之处入手,而这个根本,就是我们此前一直强调的"道"。"道"弥散在每一个人的生命中,用合于"道"的方式经营生活,一直是道家的至高理想。当我们能够洞见人的根本,就会发现,世俗观念、个人嗜欲、差等教化等,这些都属于塑造人的过程中比较浅层的东西。当我们能够区分开"人之为人的根本"和"遮蔽本根的浅层表象",自然就可以理清现实诸问题中的"主—次""主—辅"部分,在其基础上审视当下、规划未来。

正所谓"日月欲明,浮云盖之;河水欲清,沙石秽之;人性欲平,嗜欲害之"。拨开遮盖的浮云,日月的光明就会重新绽放;清理掉砂石,河水就可以变得清澈;摒弃嗜欲,人性就能回归平淡。古人习惯于把抛开外物的干扰,作为回归生命本原的必要前提。但他们一直坚持,能真正返回本性的,只有他们理想中的圣人。道家虽然把返回本性视为圣人的表现,但我们都清楚,这些言论并非仅用于揭示圣人的体态与言行,更重要的在于引导与教化普通大众。

总之,承认差异就需要我们用平静的心态去看待不同地域的风俗,用平等的眼光来看不同方式的社会教化。当然,要真正把这种观念和态度贯穿到生活中,需要我们超越主观喜好的狭隘格局,学会在意识深处尊重别人,肯定不同文化的存在价值。《齐物论》与《齐俗训》中的平等理念与超脱格局,表明尊重、开放、包容的理念在中华文化中具有深厚的历史底蕴。这些文化观念早已深入到中华文明的根脉深处,正在推动我们国家用共建、共享、共赢的发展理念去拥抱世界。

**4. 齐俗观念对国家治理和个人处事有什么样的现实意义？**

《齐俗训》中对不同时代、不同地域的风俗和教化持有平等的态度，这种平等观念是作者用来阐发政治思想的重要理论支撑。我们在前文中提到，相对于人们所经历的教化和风俗，人的本性、根本才是更重要的方面。根本之处与细枝末节，分别对应着我们处理事情时面对的主要问题和次要问题。就国家治理问题来说，《齐俗训》中认为，"道之得也，以视则明，以听则聪，以言则公，以行则从"。意思是说，以道来看则看得明晰，以道来听则听得清楚，用道来言说则公允，用道的方式行动则畅通无阻。一言以蔽之，无论治理国家还是日常处事，其根本就在于对"道"的把握、践行。

用合于"道"的方式作为，需要具备两个前提条件：

其一是处事"合宜"。合宜才能发挥不同人与物的价值合理性。统治者用这样的思维处理国事，才能在治理好国家的同时不损伤到自己。普通人用合宜的方式处理周围之事，才能把事情处理得有序、得体。这种合宜的处事方式，就如同工匠砍削榫头，厨师宰杀牲畜那样，砍削动作恰到好处，既有效达成了目的，又不会损伤到刀斧。反之，那些不懂得"合宜"之道的工匠，他们砍削的榫头，大的塞不进孔洞，小的塞不满孔洞。在不合宜的手工劳作刺激下，心生不安，而越是心神不安定，越是动手慌乱，手中的工作也就做得越糟糕。同样的道理，如果君主用这种不合宜的方式治理国家，国家就会越治理，越混乱。普通人以这种不合宜的方式处理事宜,非但不能把事情处理好,还会把自己陷入迷乱。

其二是待人待物的态度"齐同"。人们习惯于去肯定和偏爱那些自己所喜欢的人和物,对不喜欢的人和物则持冷漠、抗拒的态度。这种差等化的态度,掺杂着个人的嗜欲、喜好、利益等。君主治国时,用漠视、抗拒的态度对待贤臣则会让贤臣与自己疏远,用肯定、偏私的态度对待奸佞之臣则会让更多奸佞者靠近自己。时间长了,围绕在君主周围的人和事就会以迎合君主喜好的品类居多,同时,还会助长这种差等化的处事作风蔓延,不利于国家治理。对普通人来说,差等化的观念和处事习惯,会将自己圈在一个狭小的意义空间里,推动个人养成狭隘的处事格局。而齐同、公允的处事态度,有助于人们以冷静、客观的方式处事,从而做到小事面前不惊惧,大事面前心态镇定、应对有序。

《齐俗训》中认为,践行"合宜"与"齐同",就能把握到治理国家与日常处事的根本。作者借圣人砍削万物一事,来喻指把握到根本治国方式的统治者。"夫圣人之斫削物也,剖之判之,离之散之,已淫已失,复揆以一,既出其根,复归其门,已雕已琢,还反于朴。合而为道德,离而为仪表,其转入玄冥,其散应无形。"意思是说,圣人在砍削万物的时候,能够做到剖判有序、离散有方。那些散开的不同部分虽然看似离开本根,却可以再次返回本根,能再次合成有序的整体。如果把合成整体看作"道"与"德",那么离散而开就表现为"是非""礼仪"等仪表、末节。道家认为,圣人在处事的时候不拘泥于固化的形式,他们能在动态的处事过程中进入玄冥状态,把持守的根本之道离散到具体的生活实践中。在刘安等人看来,统治者只要把握到根本,就可以有序处理那些分散在国家不同地方的大小事务。同时,不同事务的治理核心,并不会随着具体事项的解决而消散。它们作为治国根本之道的外化,在理想君主的理念思想中,可以再次返还到"道"的精神本源中。

《齐俗训》中的治国逻辑,和先秦道家所阐述的"道"的运作逻辑,二者在逻辑认识层面上是一致的。在先秦道家那里,"道"是万物存在的本根,它离散在万物之中,同时,万物的运作规律是在表现同一个本原,即整全的"道"。"道"的本根性、离散性与整全性,三者是同时存在的,同样,以治国为代表的诸多处事之道,其本根性、离散性与整全性也是同时存在的,它们的区别在于,理论阐述的领域、层次和语言不同,及其与人类实践的相关联程度不同。道家用这样的理念逻辑来治国,可以从"道"的离散性与整全性入手,展开对现实中人的行为实践的纠偏,从而规劝统治者在治理国家时,摒弃对外在风俗、礼节等细枝末节的过度执着,回归治国的初心和本原。同时,也规劝人们在生活实践中,平衡好自己的主观因素,为人处事以天道本然为参照。

在道家文化中,遵循"道"就意味着坚持动态的发展观。"道"并非独立存在于万物之外,而是"化"入万物之中来成就万物。同时,道的规律、法则,既是万物变化的根本遵循,也是人类行为实践效仿的标准。所以,"道"分散在万物演变与人事变动之中,永不止息。同样,"道"也内嵌于治理国家的实践举措中,要求统治者以动态变化的视角审视其治下的不同风俗、礼仪。

即便是同一地方，同一事物，也会出现"世异则事变，时移则俗易"。意思是说，随着时代变化，事情和风俗都会发生变化，它们不会一直保持原来的样子。因此，要想把国家治理好，就不能固守前人的成文法规，而是要把握这些不同法规制度背后的治国根本。"所以为法者，与化推移者也。夫能与化推移为人者，至贵在焉尔。"这里指出，立法的根本，在于顺应变化、与世推移。真正掌握治国根本的统治者，能够顺应时势变化，给出不断变化的治国对策。君主要治国，普通人则要齐家、修身，并处理生活诸事。在道家之"道"这里，治国的根本与普通大众的日常行事要领，二者的思想智慧是相通的。常人在处理周围事务时，强调要抓住核心，并针对核心问题给出相应对策，认为这样才能更有效地解决问题。反之，如果一个人只看到事情的表象，或只抓住问题的细枝末节，就会把事情越理越乱，徒增困惑，却始终难以从根本上解决问题。此外，道家智慧也启示我们，在处理日常事务时要持守动态发展的眼光，既不盲目守旧，又要做到因时、因事、因地、因人施策。

总之，《淮南子》中的思想，既可以在治国方面进行创造性转化与创新性发展，也可以延伸出许多普通人日常处事的智慧。这些源源不断的实践启发，正是我们学习优秀传统文化，激活传统文化现代活力的现实意义之所在。

# 第九章 《修务训》选粹

## 一 "无为"与鼓励建功立业

《修务训》篇名中的"修",指研习、整治。"务"指事业、事务。从篇名就可以看出,《修务训》的内容蕴含劝勉人们加强自我学习、精勤于事、不断进取的意思。本篇内容整体上延续了先秦道家的"无为"思想,用遵循天道规律来阐释无为,用背离规律本原来解释有为。作者引导人们在不违背事物规律的条件下积极作为、努力提升自我修养、提高自我处理事务的能力,在其看来,这样可以使人们在为社会做出贡献的同时,实现自身的意义价值。

一些后人的解读,把先秦道家的"无为"思想导向消极不作为,认为道家用"负"与"减"的心态和逻辑应对周遭变化。在这种认知趋势引导下,现代很多人在提起道家的时候,首先会想到"无为"思想,并通过字面理解认为道家宣扬的是一种放弃、不作为、无所事事的消极文化。我们要说的是,学习道家文化,就应该避免这种理解误区。当然,很多学习道家智慧的人都知道,道家的"无为"并不是绝对的消极不作为,而是在不悖逆规律条件下的"为",是"不妄为""有所不为"。这是我们现代人对道家"无为"思想的科学解读,也是我们学习道家智慧首先要明确的基本概念。

其实,这种解读方式最早出现在《淮南子·修务训》中,而并非现代人的新解。在两千多年前的思想家们看来,"无为"所凸显的部分不在"无",而在"为"。他们把"为"贯穿于个人的生活始终,把其作为人们学习精进、修养提升、事业奋进的核心。就道家思想的历史发展路径来看,《修务训》中对人们学习与作为的反复鼓励,表明它不再局限于对先秦道家思想的直观阐释,而是在发展先秦道家思想的过程中,融入了儒家、法家等诸子百家入世思想,以及汉初的文化实践,在其基础上展开创造性解释与创新性发展。总体来说,《修务训》在理论创新的背后,意在对个人发展及其建功立业作出综合、全面的实践引导。

## 二　原文节选与释义

(一)或曰:"无为者,寂然无声,漠然不动,引之不来,推之不往;如此者,乃得道之像。"吾以为不然。尝试问之矣:若夫神农、尧、舜、禹、汤,可谓圣人乎?有论者

译文:有的人说,无为就是悄然不发出声音,淡漠而不行动,拉他,拉不过来,推他,推不过去,像这样,才是得道的样子。我并不认为是这样。试问:像神农、尧、舜、禹、汤,可以称他们为圣人了吧?心中明白道理的人一定不会否认。以这五位圣人来看,他们并不奉行无为,这是很明显的。

必不能废。以五圣观之,则莫得无为,明矣。

（二）且夫圣人者,不耻身之贱,而愧道之不行;不忧命之短,而忧百姓之穷。是故禹之为水,以身解于阳盱之河;汤旱,以身祷于桑山之林。圣人忧民如此,其明也,而称以无为,岂不悖哉!

（三）故自天子以下至于庶人,四肢不动,思虑不用,事治求澹者,未之闻也。夫地势,水东流,人必事焉,然后水潦得谷行;禾稼春生,人必加功焉,故五谷得遂长。听其自流,待其自生,则鲧、禹之功不立,而后稷之智不用。若吾所谓"无为"者。私志不得入公道,嗜欲不得枉正术,循理而举事,因资而立功,权自然之势,百曲故不得容者,事成而身弗伐,功立而名弗有,非谓其感而不应,攻而不动者。若夫以火爌

况且,圣人不会把低贱身份看作自己的耻辱,但是会羞愧于没有推行大道。不会为生命的短暂而忧心,但是会因为百姓的生活穷困而忧虑。因此,为了治理水患,大禹亲自到阳盱之河祈祷。为了结束旱灾,汤亲自到桑林之地去求雨。圣人忧心百姓到这样的地步,这是非常明晰的,却用"无为"来称说他们的行为,这难道不荒谬吗?

因此,从天子到普通百姓,不使用四肢,不动用思虑,就能够办成事情、治理好国家的,从来没有听说过。地势原因让水向东流淌,人根据地势疏导水流,然后才能让水沿着既定的河道奔流。禾苗、庄稼在春天生长,人们按照它们的生长规律特点耕作,五谷方能长成。如果任凭它们自己流动,任凭它们自己生长,那么,鲧、禹的功绩就无法建立,后稷的智慧也就不会受到重用。我所说的无为,是强调个人的私心不妨碍客观公理,个人的喜好不使正道被扭曲。行事都有道理遵循,功劳的建立有其客观实际的凭借,权衡自然态势,使故意歪曲事实的行为无法容身。事业成功却不夸耀自我,功名建立却不独自占有。而并不是感知到了却不做回应,被攻击了却不做反应。至于用火来烤干井水,把淮水引到山上,这是主观导向的,是悖

井,以淮灌山,此用己而背自然,故谓之有为。若夫水之用舟,沙之用鸠,泥之用辇,山之用蔂,夏渎而冬陂,因高为田,因下为池,此非吾所谓为之。

(四)且子有弑父者,然而天下莫疏其子,何也?爱父者众也。儒有邪辟者,而先王之道不废,何也?其行之者多也。今以为学者之有过而非学者,则是以一噎之故,绝谷不食;以一蹶之难,辍足不行,惑也。今有良马,不待策錣而行,驽马,虽两錣之不能进,为此不用策錣而御,则愚矣。夫怯夫操利剑,击则不能断,刺则不能入,及至勇武攘卷一捣,则摺胁伤干,为此弃干将、镆邪而以手战,则悖矣。

(五)今无五圣之天奉,四俊之才难,欲弃学而循性,是谓犹释船欲蹍水也。夫纯

逆于自然规律的,所以这些可以被称作有为。至于像在水中行走用船只,在沙地用鸠,在泥泞之地用辇,在山地用蔂;夏天疏导沟渠,冬天修建池塘,在地势高处修建梯田,在地势低洼之处修建池塘,这些都不是我所说的有为。

有杀死父亲的儿子,但天下的人不会因此就疏远自己的儿子,为什么呢?因为大多数的儿子还是会热爱自己的父亲。儒生中有行为不轨之徒,但儒家的先王之道不会因此就被废止,为什么呢?因为大多数的儒者还是奉行先王之道的。现在因为学习的人犯有过失而就此否定学习,这就像吃饭的时候被饭食噎过一次之后就不再吃饭;因为一次跌倒,就不再继续走路前行,这样的人真是糊涂。现在有一匹良马,无需人们鞭策它就能迅速奔驰,资质差的马,就算同时两边抽刺,也没办法让它前进。倘若因此就不再使用马鞭和马刺来驾驭马匹,这样的人真是愚蠢。胆怯懦弱的人手中持有利剑,砍杀却无法砍断,刺杀却无法刺入,而勇武的人挥动拳头就能打断筋骨,打伤躯体。倘若因为这样就放弃使用干将、镆邪,而选择徒手搏斗,这样的人真是荒谬。

现在没有五圣的天赋,没有四俊的才能,却意欲摒弃学习而顺随天性,就像抛弃船只在水中行走。纯钩、鱼肠这些宝剑,刚把它们从模子里取出

钩、鱼肠之始下型,击则不能断,刺则不能入,及加之以砥砺,摩其锋锷,则水断龙舟,陆剔犀甲。明镜之始下型,曚然未见形容,及其粉以玄锡,摩以白旃,鬓眉微豪,可得而察。夫学,亦人之砥锡也,而谓学无益者,所以论之过。

（六）楚人有烹猴而召其邻人,以为狗羹而甘之。后闻其猴也,据地而吐之,尽泻其食。此未始知味者也。邯郸师有出新曲者,托之李奇,诸人皆争学之。后知其非也,而皆弃其曲。此未始知音者也。鄙人有得玉璞者,喜其状,以为宝而藏之。以示人,人以为石也,因而弃之,此未始知玉者也。故有符于中,则贵是而同今古;无以听其说,则所从来者远而贵之耳。

来的时候,用来砍却砍不断,用来刺却无法刺人,等到在磨刀石上把剑刃磨锋利之后,就能在水中砍断龙舟,在陆地之上割断犀甲。明镜在刚出模子的时候,模糊得难以看见形貌,等到它被玄锡抛光,用白色的毛毡摩制之后,鬓角眉毛之处的细微毛发都能清楚地看到。学习,也像人的磨刀石和玄锡,但有的人却说学习没有益处,持这种观点的人是错的。

有个楚国人烹煮了一只猴子,请他的邻居来品尝,邻居以为是狗肉汤,吃得很香。吃完后听说自己吃的是猴子肉,趴在地上就吐,把方才吃的尽数吐出。这说明邻居并不是真正懂得味道的人。有个邯郸的乐师出了一个新曲子,假托是音乐名家李奇的作品,很多人都争着抢着去学它。之后听说该曲子并不是李奇所作,于是都抛弃了该曲。这说明这些人并不是真正懂得音乐的人。有个乡野农人得到了一块没有雕琢的玉,喜欢它的形质,把它视为至宝而收藏起来。拿出来给别人看了之后,别人认为它只是一块普通的石头,农人于是就把它丢弃掉了。这说明该农人并不是真正懂玉石的人。因此,心中有真知,才能尊重事实,同等地看待古今;心中没有真知,依赖于听取别人的言说,那就会依从远离真知的言论,陷入盲目地听从或追捧中去。

（七）三代与我同行，五伯与我齐智。彼独有圣智之实，我曾无有闾里之闻、穷巷之知者何？彼并身而立节，我诞谩而悠忽。

夏商周三代的君主与我们的品德相同，春秋五霸和我们的智力相当。唯独他们有圣贤与智慧的名声和实力，我们却连在乡里间闻名，在穷乡陋巷中被人所知晓都做不到，这是为什么呢？因为他们能做到身心专一于建立功业，而我们却身心放纵于散漫地消磨时间。

## 三 经典解析："无为"的现实意义

如果带着消极的心态来论说道家的"无为"，会让人更消极。这时候，"无为"就会成为助长人们消极懈怠的帮凶。反之，如果是带着积极的心态来理解"无为"，就会发现"无为"蕴含丰富的处世智慧。此时的"无为"，就是引导人们积极作为的方法策略和真知灼见。

如果我们习惯于就字面意思来揣度道家思想中的"无为"，最终只会是把它推向消极方向。正是为了让大家能透过传统经典获得其背后的智慧，我们出了这一套《道家的智慧》系列教材。在诸多道家典籍中，《修务训》是帮助我们全面解读道家"无为"思想的核心篇章。

**1. 被误解的道家"无为"**

在学习道家经典之前，我们听到"无为"二字，是以什么样的思路来理解它？如果说"无为"才是"得道者"应有的样子，那么这些"得道者"的言行又表现为什么样？对此，《淮南子》的作者通过对当时人的观察和总结，给出了答案：

> 无为者，寂然无声，漠然不动，引之不来，推之不往；如此者，乃得道之像。

遇到任何事情都悄然无声，淡漠不动，别人拉也拉不过来，推也推不过去。这是刘安等人对世俗之人眼中"无为"的概括。仔细想来，这种不动心、不动行的认知和行为理念，不也是我们自己一开始从字面意思理解到的"无为"吗？如果这样的人都能成为道家推崇的"得道者"，那么，道家智慧究竟是凭什么能传承两千多年却始终不间断呢？这就需要我们通过道家经典重新审视"无为"的智慧。

刘安等人在说完世俗对"无为"的表面解读之后，立即表明了自己的态度："吾以为不然。"可以看出，刘安对这种常见的"无为"解读持否定的态度，直接用语言表明自己不认同这种解读方式，并质问读者，像神农、尧、舜等大家公认的圣人，他们的言论中并没有奉行这样的"无为"，同时，他们在治理天下的过程中，也并没有对百姓的生活表现出不闻不问。这些圣人的真实情况是，他们时常忧心百姓的生活，甚至用自己的具体行动来维护百姓的生活福祉。例如，大禹为了让百姓免受水患，积极治水，甚至特意跑到阳盱之河为百姓祈祷。禹在道家思想中是受到赞誉的圣人，在普通人的评判中也并非无所作为之人。通过禹的例子可以看出，把那些凭一孔之见揣度道家"无为"的见解放置于道家思想体系中,是难以自恰的。

对此,《修务训》中告诫世人,要尽早抛弃这种字义层面的"无为"解读。作者直言:"听其自流,待其自生,则鲧、禹之功不立,而后稷之智不用。"如果任凭水自己流动,任凭万物自己生长,那么,鲧、禹的功业就没有办法建立,后稷的智慧也就不会受到后世人们的重用。

回归道家的思想体系,我们会发现,道家所说的"无为",从根本上来说是一种"为"。"无为"二字中的"无",是作为"为"的条件和方式而存在的,表现为对"为"的无干预、不悖逆。具体可以从以下三个方面来理解。

首先,"无为"表现为尊重事物发展固有的自然规律。"无为"之"为",是用不违背事物本然规律的方式来作为。例如,农民要按照作物生长规律和季节变化规律来进行劳作,这样才能实现五谷在收获季节的丰收。反之,放任作物在田间却不按时耕作,或者在违背农作物和季节变化规律的条件下肆意劳作,最终只会是无所收获,让自己的生活陷入困厄。

其次,践行"无为"需要尊重事物发展的客观必然性。这要求人们在日常处事或者建立功业的时候,不用自己主观层面的私欲、喜好去刻意妨碍公理、扭曲常规。《修务训》给出了两个关于妨碍公理、扭曲常规的例子:"以火爢井,以淮灌山,此用己而背自然,故谓之有为。"意思是说,用火去烤干井水,把地势低处的水流导引到山上,这些做法都是在人的主观因素驱动下展开的,都属于"有为"。人们在做这些行为的时候,无视井水会源源不断地从井下冒出,永无止境,永远不会干。明知水往低处流的现实规律,却还要擅自把它引导向它所不可能流到的地方。这种无视客观本然规律,妄图改变事物运作规律,干预事物发展走向的行为,才是道家"无为"所针锋相对的那个"有为"。

最后,"无为"也表现为一种冷静、谦虚的处事心态。老子言:"生而不有,为而不恃,功成而弗居。"(《老子》第二章)《修务训》云:"事成而身弗伐,功立而名弗有。"他们都一致赞成,人们在功业建成之后不能独自占有功劳,不可夸耀自己的功名。其实,这里所凸显的是,当"无为"内化于人心之后,人们在言行中表露出的谦虚品德和冷静心态。功名和声誉容易扰乱人们内心的平静,使人陷入浮躁,最终迷失自我。这时候,不如正视事物发展的客观规律,以事物常规发展趋势中的辅助性力量来审视自己的作为,在认知深处承认自身对事物发展的非决定性作用。总的来说,在阐发事物的演变问题时,道家把客观规律视为主导的方面,而认为人的作用表现为从属性、助推性的一面。这种解读,能够有效平衡人们对自我主体能动性的夸大,引导人们以冷静心态平衡自命不凡的虚荣与傲慢心态。这才是道家智慧的可贵之处,这样的智慧有助于我们养成一种不居功自傲的谦虚心态。

总之,道家的"无为"思想既表现在普通农民的日常耕作中,也表现在圣贤治国的方法策略中。上至帝王将相,下至普通大众,都能在自身实践中悟得"无为"的智慧。正视事物发展的本然规律,正视自身行为成就事物的辅助性作用,以冷静应对功名,用谦虚回应赞誉,这就是道家思想中"得道者"和"圣人"所践行的"无为"之道。

**2. 如何应对世俗中消极无为因素的困扰？**

我们赞赏那些积极努力的人,也习惯于对我们认为好的东西保持肯定态度。但总会有一些人,他们乐于抓住一些负面的个案,来质疑我们肯定与坚持的东西。在他们的影响下,我们难免会陷入困惑,受到动摇。《修务训》中告诉人们,要想避免这样的困惑和动摇,我们就应该跳出问题本身,站在更高的格局视野中看问题。这样才会让我们明白,那些质疑的声音往往取自个案,它们所代表的只是极少数可能的情况。而我们所坚持的,是长久以来一直被很多人在实践中反复证实的东西。

刘安等人认为,拿个案来否定世俗常规,就如同因为一个做儿子的杀了自己的父亲,而就此否定天下所有的父子之爱。答案是很显然的,那就是其他人不会因为这件事就都开始疏远自己的儿子。因为他们都坚信一直以来的世俗传统,相信大多数的儿子都是热爱自己父亲的,而自己的儿子就属于这大多数。同样,儒家的先王之道被后世奉行,对后世的发展总体上起着积极作用,不会因为某一天一个儒士的行为有过失,大家就从此放弃学习儒家的智慧。总的来说,人们在听说到这些个案事例之后,经过冷静细想,依旧会选择亲近自己的子女,继续学习儒家思想。或许,这些选择和坚持,会带来一些不可预知的负面影响,但根据经验认知,我们依旧可以确定的是,继续坚持常理要好过相信少数个案。

联系到积极作为和消极无为,我们可以看到,这里所说的亲近子女和学习儒家文化,都是属于积极作为;而放弃爱子女、放弃学习儒家文化属于消极无为。很明显，《修务训》和世俗常人，都选择积极作为，同时，否定消极无为。《修务训》中指出，无论受到什么样的负面干扰，现实中大多数人在大多数时候都选择继续亲近子女，继续学习儒家思想，继续用马鞭来驾驭马匹，继续用武器与人搏斗。因为经验常识告诉人们，这样的选择大概率是对的，持反面选择的人则会被认为是愚蠢的、荒谬的。

总体来说，积极作为是人们生活中选择的常态，而标榜消极无为，看似在诱导人们以无为的方式来规避危险，实则在抹杀人们的斗志，把人拖向懒散、不作为的深渊。这种消极无为的生活观念是社会所否弃的，也是道家所否定的，而很多不懂道家智慧的人却把这种消极否弃的社会观念贴上道家的标签。这显然是有误的。

回到我们一开始说的个案负面干扰问题，我们会发现，原来刘安等人站在道家的文化立场，一直都在主张我们跳出具体情境，主张我们丰富学识、提升修养、提高处事能力。《修务训》中，主张我们在应对负面干扰时依旧保持一颗进取之心，积极作为。这也是道家"无为"思想背后的精神意蕴。人的成就是通过积极作为来实现的，与自身的自我修养、见识和能力成正比。同样一把利剑，把它放在懦弱者的手中会毫无用处，但如果放在勇武者那里就有助于奋勇杀敌、建功立业。站在动态发展的视域来说，践行积极作为、不断奋进的过程，其实就是让一个懦弱无力之人实现向勇武之人转变与提升的过程。这些经典中的理论，正是中华优秀文化中积极进取精神的重要坚守者。

## 3. 学习是通向道家"真知"和"无为"的必要路径

《修务训》中特别强调学习的重要性。古往今来，那些受世人称道的圣贤之人，他们都具有过人的才能。虽然，一个人的才能或许在一定程度上与天赋有关，但天赋异禀的人毕竟是少数。就算天赋过人，也不可能完全依顺天性而不借助后天的学习。《淮南子》的作者指出，世上大多数人的天性相当，他们的成就离不开后天的学习和磨砺。一个人周围明明具有学习的条件，却不通过学习来提升自己，而是一味强调顺从天性发展、消极不作为。一个人周围本来拥有可用的船只，却选择抛弃船只在水中行走。作者认为，这种不学习、不乘船的做法是蒙昧而不可取的。

常人在经历学习提升之前，他们的处事能力与内在品德并没有明显区别。《淮南子》中认为，人只有经历了学习阶段，才能真正具备贤德之才，就如同宝剑与宝镜需要经历打磨才能显示它们的独特性能。"夫纯钩、鱼肠之始下型，击则不能断，刺则不能入，及加之以砥砺，摩其锋锷，则水断龙舟，陆剸犀甲。明镜之始下型，矇然未见形容，及其粉以玄锡，摩以白旃，鬓眉微豪，可得而察。"刚从铸剑模具里取出来的宝剑，与普通剑一样，都砍不断任何东西，也刺不进任何东西；刚在铸镜模具中取出的镜子，也看不清任何人或物的形貌；宝剑在磨刀石上打磨之后，它就会变得锋利无比，无论是在水中砍断龙舟，还是在地面上割断犀甲都毫不费力，这时候，它的锋利程度要比普通的剑好很多；同样，宝镜在经过玄锡抛光和毛毡摩制之后，就可以清楚地看到人们鬓角最细微的毛发。对于宝剑来说,经历磨刀石上的打磨,是它成为宝剑之前必须要经历的;对于宝镜来说,用玄锡抛光、用毛毡摩制,这是它成就宝镜的必经之路;同样,对于人来说,不断地学习和磨砺,是其成为有才德之人所必须要经历的。《修务训》中借此说明,一个人要想提升自己的修养,提高自己的能力,就必须要学习。这是亘古不变的道理,也是每个人都应该端正的态度。如果非要深究学习能给我们带来什么,用道家的语词来表达就是:真知。

"真知"一词,最早出自庄子的笔下。《庄子·大宗师》云:"且有真人而后有真知""知之能登假于道"。意思是说,有真人然后才能有真知,而真知可以达到与道相合的境界。庄子虽然把"道"置于人的存在意义之上,作为人们智慧的根本参照,但就"真人"和"真知"的逻辑顺序来看,是先有得道、体道的真人,然后才有关于如何得道、体道、践行道的知识、智慧,即"真知"。"真人""真知"可以在"道"这里相通联。这种通联性,使"真知"成为道家文化中可以联通"道"的最高知识。庄子的"真知"论,同时也奠定了"真知"在道家知识论域中的不可超越性。

《修务训》中把人具有"真知"表述为"有符于中"。关于"有符于中",高诱曾把它解释为"中心能明"。意思是说,在看待事物、处理事情的过程中,心中有明确的标准,且这一标准是完全符合实际的,也就是道家所说的"合于道"的。

关于道家的"真知",我们可以从以下几个不同的层面来展开理解:其一,"真知"背后蕴含大量客观、理性的知识储备。有"真知",就可以对所见事物做出准确判断,而且不会受到世俗言论干扰。那些立场不坚定,容易受外物干扰,容易盲目从众的人,都是自己无法把握事情的内核,无法独立判断所坚持的事情是否正确。这显然是缺乏知识性层面的"真知"的表现。其二,"真知"背后是一种从容有序的处事能力。道家思想中具有"真知"的人,都具备独立应对各种事务的能力。同时,他们在处理事情的过程中,能做到尊重事实、客观公允。这种结合自身知识经验有效处理问题的能力,表现为实践层面的"真知"。其三,"真知"背后是人们理想的处事格局和态度。具有"真知"的人,能持守"道观"。他们格局开阔,能做到以同等的视域和心态看古今、物我、是非、同异。他们不会拘于一己之私而肆意评判、肆意妄为。这种审视处理物我问题的态度格局,表现为修养论层面的"真知"。

可以看出,道家文化中把"真知"贯穿于把握事物、处理事务的所有方面,用来表现人类所有合于"道"的认知、实践与品德,引导普通人不断提升自我,使自己在理论与实践方面都趋向"真知"。当一个人把自己的学识、修养与应变能力均提升到"真知"的程度,也就意味着践行道家之"道"的实现。此时,他的言行也就可以自然而然地做到"无为"。这里的"无为"显然不再是无所作为,而是以"真知"应对一切,一切都无"违"于"道"。这里的"为"则是积极作为,公允处事的行为外化。

## 4. 道家"无为"与汉初无为政治的会通及其现代启示

道家的"无为"思想,是汉初无为而治的理论参照,同时,汉初的无为之治,丰富了道家"无为"在国家治理中的实践意蕴。

在治国问题上,道家经典中代表性的观点有:

> 我无为而民自化;我好静而民自正;我无事而民自富;我无欲而民自朴。(《老子》第五十七章)
>
> 人法地,地法天,天法道,道法自然。(《老子》第二十五章)
>
> 侯王若能守之,万物将自宾。(《老子》第三十二章)
>
> 上必无为而用天下,下必有为为天下用。(《庄子·天道》)
>
> 道生法。法者,引得失以绳,而明曲直者也。故执道者,生法而弗敢犯也,法立而弗敢废也。故能自引以绳,然后见知天下而不惑矣。(《黄帝四经·经法·道法》)

总的来说,政治实践论域中的道家"无为",要求统治者在治理国家的过程中,做到效法天道规律,以不干预、少扰乱的方式维护百姓的自然发展,以虚静朴素的态度引导百姓、教化百姓,从而实现天下大治、百姓富足。

汉初的无为政治,主要表现在统治者的治国举措、言行处事和无为而治的治国成效三个方面。

从宏观的治国实践来看,汉初黄老政治统领下的"无为"治国实践,主要表现为:第一,注重发展农业,鼓励百姓从事农业生产活动。第二,减少赋税,注重与民休养生息。第三,废除秦朝的烦苛法度,减少社会上下的法律约束事项,为百姓创造了清静、宽松的发展环境。第四,把铸钱、采矿、冶铁、煮盐等行业资源向私人开放,调动了商贾与百姓发展生产的积极性,带动了社会的财富创造和积累。从道家的"无为"视域来看,统治者支持发展农业、减少赋税,其实就是不干预百姓创造生活所需的物质基础的内在需求;废除烦苛法度,意在不借助权势、法律去扰乱民众的生产生活环境;把铸钱、采矿、冶铁、煮盐等行业资源向私人开放,就是不依靠权势垄断社会资源,让百姓在不同的行业领域,自由发展生产。可见,道家主张尊重百姓的发展需求,主张在政治领域不多为、不妄为、有所不为的治国理念,与汉初黄老政治践行的"无为之治",具有内在的一致性。

从统治者的言行来看,汉初半个多世纪的几任朝政掌权者,都推崇"无为"、践行"无为",都是道家"无为"政治思想的推行者与维护者。汉初推崇黄老政治的统治者,主要有汉高祖刘邦、汉文帝刘恒、汉景帝刘启和窦太后,他们的一些历史事迹,表现了对道家"无为"治国理念的肯定态度。据说,刘邦刚入关就宣布"悉除去秦法"(《史记·高祖本纪》),并任用萧何、陈平、王陵等推崇黄老之术的臣子担任治国要职。为了发展经济,"上于是约法省禁,轻田租,什五而税一,量吏禄,度官用,以赋于民"(《汉书·食货志》)。后来又通过以柔克刚的方式,消解了各异姓王的势力,稳定了社会政局。之后,吕后延续了之前轻徭薄赋、与民休养生息的政策,在治国中继续重用萧何、曹参、陈平等好黄老道家思想的臣子。《汉书》把当时的政治生态概括为:"孝惠高后之时,海内得离战国之苦,君臣俱欲无为,故惠帝拱己,高后女主制政,不出房闼,而天下晏然,刑罚罕用,民务稼穑,衣食滋殖。"汉文帝时期,同样施行黄老政治。《风俗通·正失》

中说:"文帝本好黄老之言,不甚好儒术,其治尚清净无为。"对于汉文帝时期的政治与社会状况,《汉书·刑法志》中记载道:"及孝文即位,躬修玄默,劝趣农桑,减省租赋。而将相皆旧功臣,少文多质,惩恶亡秦之政,论议务在宽厚,耻言人之过失。化行天下告讦之俗易。吏安其官,民乐其业,蓄积岁增,户口寝息。"意思是说,汉文帝本人沉静少言,注重清静无为,鼓励发展农桑之事,积极减免赋税,所任用的臣子大都是旧时的有功之臣。他的生活质朴少纹饰,废止那些导致秦灭亡的不好的政治制度,以宽厚的风气探讨朝中之事,把谈论别人过失看作可耻的事。随着他的教化广施天下,之前弥散于社会上下的诬告和恶意揭发的社会风气被改变。在汉文帝的治下,百官安于其职事,人民安居乐业,国内积蓄逐年增长,治下百姓人数年年攀升。汉景帝在位期间,继续推行黄老政治,以减免赋税、兴修水利、提高农产品价格等方式促进农业发展,实现与民休养生息。窦太后是汉文帝的皇后、汉景帝的母亲,与文帝和景帝一样,也是极为推崇黄老思想。据《史记·外戚世家》记载:"窦太后好黄帝老子言。帝(景帝)及太子(武帝)诸窦,不得不读《黄帝》《老子》,尊其术。"在窦太后的影响下,汉武帝早期的治国思想也一直在延续黄老道家,直到窦太后去世之后,汉武帝才真正实现了"独尊儒术"的政治转变。可见,汉初的几位统治者,在思想文化层面,都推崇《黄帝》《老子》等道家经典;在治国实践中,都尊重百姓自然而然的发展需求和发展规律,采取少干预、重保护的治国理念和举措。

就道家"无为"理念的治国成效来看,汉初社会的经济迅速复苏,为汉武帝时期的全盛发展奠定了基础。《史记》和《汉书》都对这段汉初的"无为"政治持称赞态度。"故百姓无内外之繇,得息肩于田亩,天下殷富,粟至十余钱,鸣鸡吠狗,烟火万里,可谓和乐者乎。"(《史记·律书》)"国家亡事,非遇水旱,则民人给家足,都鄙廪庾尽满,而府库余财,京师之钱累百巨万,贯朽而不可校。太仓之粟陈陈相因,充溢露积于外,至腐败不可食。"(《汉书·平准书》)史书记载的汉初社会,百姓安居、天下安定,这表明了黄老政治的治国合理性与科学性。一方面,以"无为"方式实现百姓富足、天下和乐,这是道家政治思想的核心所在,在汉初统治者的推行下,变为了现实。另一方面,汉初的统治者们以道家"无为"思想为统领,实现了国家大治、百姓称道的政治理想。

通过以上三个方面的表现可以看出,汉初社会的无为之治,并非建立在统治者无所事事,放任百姓自己发展的基础上。在真正的汉初无为政治中,统治者既关注减少赋税、减少法令,又忙于鼓励农事、鼓励商贾之道,通过多方面的举措,积极为社会发展创造良好的发展环境。可见,汉初的无为之治,是在以"无"为特质的方法举措下所展开的治国作为,与道家的"无为"智慧在精神内核层面是互通的。

道家"无为"在汉初的治国实践,显示了"无为"作为一种实践智慧的科学价值。启发我们继续发掘与践行"无为"的智慧,并在其基础上建构自己的生命价值与生活意义。《修务训》中直言:"三代与我同行,五伯与我齐智。彼独有圣智之实,我曾无有闾里之闻、穷巷之知者何?彼并身而立节,我诞谩而悠忽。"纵观古今，几乎没有人能在一出生就表现出圣人的才华与德性。人们的才智在刚出生的时候基本相当，而一生的成就却各不相同。看到那些名流千古的圣贤、伟人，人们在称赞其成就与惊叹其才华之余，也应该反思其成就路上的后天努力。古往今来，伟人事迹比比皆是，成功者的案例也随处可见，至于具体的人物与事例，相信每一位读者都能列举出许多，所以，我们此处不再赘述。

《淮南子》的作者把圣贤之人的成就，归功于其自身的努力，以此启示后人：如果有志于把自己变得更优秀，有志于成为对家庭、社会和国家的有用之人，就不能沉湎于放纵自我和不思进取的消极懈怠状态中；能成就我们自己的，只有自己的努力和进取，那些我们所期待的馈赠，也只有经过自己的拼搏和奋进才有机会获得。

总之，以《淮南子》为代表的道家智慧，引导人们以"道观"的方式，洞悉事物的固有属性与自然规律，协助人们理清周遭事物的规律本原、多元表象及其背后的人文心态。其最终指向，在于发掘生活实践中的智慧，进而引导人们以智慧的方式应对世间的万千变化，向理性进取，向文明推进。

# 参考文献

[1]（汉）班固:《汉书》,中华书局,1962年。

[2] 陈鼓应:《庄子今注今译》,中华书局,1983年。

[3] 陈鼓应:《黄帝四经今注今译》,商务印书馆,2007年。

[4] 陈广忠:《淮南子科技思想》,安徽大学出版社,2000年。

[5] 陈广忠:《淮南子译注》,上海古籍出版社,2017年。

[6] 陈广忠:《刘安评传》,中国文史出版社,2017年。

[7] 程俊英:《诗经译注》,中华书局,2016年。

[8] 程树德撰,程俊英、蒋见元点校:《论语集释》,中华书局,1990年。

[9]〔英〕大卫·布鲁尔:《知识和社会意象》,霍桂桓译,中国人民大学出版社,2014年。

[10] 杜秀琳:《文学视野中的淮南子研究》,中国社会科学出版社,2010年。

[11] 冯友兰:《中国哲学史》,中华书局,1961年。

[12] 冯友兰:《中国哲学史新编》,人民出版社,1965年。

[13]（汉）高诱:《淮南子》,清文渊阁《四库全书》本,上海古籍出版社影印,1987年。

[14] 葛兆光:《中国思想史》,复旦大学出版社,2013年。

[15] 何宁:《淮南子集释》,中华书局,1998年。

[16] 胡适:《中国哲学史大纲》,商务印书馆,1919年。

[17] 胡适:《淮南王书》,台湾商务印书馆,1962年。

[18] 胡适:《先秦哲学史》,学林出版社,1983年。

[19] 黄寿祺、张善文:《周易译注》,上海古籍出版社,2019年。

[20] (清)焦循:《孟子正义》,中华书局,1987年。

[21] 刘爱敏:《淮南子道论研究》,山东人民出版社,2013年。

[22] 刘家立:《淮南内篇集证》,中华书局,1924年。

[23] 刘文典:《淮南鸿烈集解》,中华书局,1989年。

[24] 刘笑敢:《庄子哲学及其演变》,中国人民大学出版社,2010年。

[25] 〔英〕罗杰·斯克鲁顿:《文化的政治及其他》,谷婷婷译,南京大学出版社,2019年。

[27] 马庆洲:《淮南子考论》,北京大学出版社,2009年。

[26] 马庆洲:《淮南子今注》,凤凰出版社,2013年。

[28] 牟宗三:《中国哲学十九讲》,学生书局,1991年。

[29] 任继愈:《中国哲学发展史·先秦卷》,人民出版社,1983年。

[30] (汉)司马迁:《史记》,中华书局,1959年。

[31] (魏)王弼注,楼宇烈校释:《老子道德经注》,中华书局,2011年。

[32] (清)王先慎:《韩非子集释》,中华书局,1998年。

[33] 王小盾:《经典之前的中国智慧》,北京大学出版社,2016年。

[34] 王云度:《刘安评传》,南京大学出版社,1997年。

[35] 徐昌盛:《淮南子精解》,华中科技大学出版社,2018年。

[36] 徐复观:《两汉思想史》,九州出版社,2014年。

[37] 许维遹:《吕氏春秋集释》,中华书局,2009年。

[38] 于省吾:《淮南子新证》,中华书局,1962年。

[39] 章太炎:《淮南子札记》,载《章太炎全集》,上海人民出版社,1982年。

[40] (战国)庄周著,方勇译注:《庄子》,中华书局,2010年。

图书在版编目(CIP)数据

《淮南子》的智慧/景婧著. —北京:北京大学出版社,2022.7
ISBN 978-7-301-33109-5

Ⅰ.①淮… Ⅱ.①景… Ⅲ.①《淮南子》—研究—Ⅳ.①B234.45

中国版本图书馆 CIP 数据核字(2022)第 108749 号

| | |
|---|---|
| 书　　　名 | 《淮南子》的智慧<br>《HUAINANZI》DE ZHIHUI |
| 著作责任者 | 景　婧　著 |
| 责 任 编 辑 | 陈军燕　王立刚 |
| 标 准 书 号 | ISBN 978-7-301-33109-5 |
| 出 版 发 行 | 北京大学出版社 |
| 地　　　址 | 北京市海淀区成府路 205 号　100871 |
| 网　　　址 | http://www.pup.cn　　新浪微博:@北京大学出版社 |
| 电 子 信 箱 | zpup@ pup.cn |
| 电　　　话 | 邮购部 010-62752015　发行部 010-62750672<br>编辑部 010-62750673 |
| 印 　刷 　者 | 三河市博文印刷有限公司 |
| 经 　销 　者 | 新华书店 |
| | 965 毫米×1300 毫米　16 开本　15.25 印张　165 千字<br>2022 年 7 月第 1 版　2022 年 7 月第 1 次印刷 |
| 定　　　价 | 58.00 元 |

未经许可,不得以任何方式复制或抄袭本书之部分或全部内容。
版权所有,侵权必究
举报电话: 010-62752024　电子信箱: fd@ pup.pku.edu.cn
图书如有印装质量问题,请与出版部联系,电话: 010-62756370